Dépôt légal : février 2003
ISBN : 2 04 720077-3

Édition : Valérie Gendreau et Sylvie Hano
Relecture : Sergine Greley
Conception de la maquette intérieure : Élisabeth Maréchal, Killiwatch
Conception de la couverture : Nicolas Piroux
Mise en pages : Nicolas Piroux
Photographies : Fabrice Besse, Cactus Studio
Stylisme : Pascale Chombart de Lauwe et Véronique Méry
Coordination technique : Anne Raynaud
Photogravure : Nord Compo
Achevé d'imprimer en janvier 2003 sur les presses de l'imprimerie Clerc s.a., France
Relié en France par Brun s.a.
N° de projet 10097438-9-CSBTS 135°

Véronique Méry - Pascale Chombart de Lauwe

Photographies : Fabrice Besse

100 créations de rêve

pour votre mariage

Dessain et Tolra

Merci à...

Merci à tous ceux qui nous ont fait confiance :

Merci à Yves et à Pascal, nos maris, pour leur soutien.

Merci à Tom, Lulu et Adrien, nos plus jeunes enfants, pour l'utilisation de leurs frimousses.

Merci à Martin, Loup et Marine, nos plus grands enfants pour leur enthousiasme permanent.

Merci à Fabrice, notre photographe sensible à souhait, qui a su transcrire nos émotions.

Merci à Blandine pour son amitié et ses talents culinaires.

Merci à Catherine pour nous avoir prêté sa ravissante maison.

Merci à If, le chien, qui a bien voulu poser.

Merci encore à tous nos amis qui nous ont entendu parler mariage pendant quelques mois.

Et merci enfin à tous ceux qui nous ont aidées à devenir ce que nous sommes, mais ceux-là le savent...

Merci aussi à tous ceux qui nous ont prêté des fournitures
et des objets pour réaliser les ouvrages
et les photographies (adresses p. 120) :

Botanique Éditions, Bouchara, Christian Tortu, DMC,
La Droguerie, La Maison du cerf-volant, Marie Papier,
la Mercerie d'un soir, Philippe Model, Rougier et Plé, Truffaut.

Avant-propos

Vous venez de lui dire oui ; vous avez détaché l'alliance du joli coussin brodé pour la lui passer au doigt ; vous avez levé votre voile décoré de perles et de paillettes... Après la cérémonie, vous avez retrouvé tous les êtres qui vous sont chers autour d'une table joliment décorée : menus, fleurs, nappes... tout était parfait, à la hauteur de vos rêves.

Vous souhaitez que le jour de votre mariage soit unique, parfait ? Jour de bonheur à partager à deux, bien sûr, mais aussi avec toute votre famille et tous vos amis.
Comment faire de cette journée un moment unique ? Comment la façonner pour qu'elle vous ressemble, qu'elle soit le reflet de votre personnalité, de vos goûts, de votre amour... ? Êtes-vous romantique ? réaliste ? passionnée ? Souhaitez-vous un mariage en blanc ou en couleurs ? Invitez-vous l'ensemble de votre famille et tous vos amis ou seulement quelques proches ? Disposez-vous d'un jardin ? Prévoyez-vous un buffet ?

Vous trouverez ici autant d'idées toutes simples, faciles à adapter à vos contraintes et à votre personnalité : quelques longueurs de tulle ou d'organdi, quelques feuilles de papier calque ou un morceau de polystyrène... et voici un faire-part original, une guirlande lumineuse ou un chemin d'entrée accueillant.

Yves et Véronique
Nous voilà, Yves et moi, le jour de notre mariage. Tous les souvenirs de cette journée particulière sont comme des instantanés de petits moments, émouvants, tendres, franchement rigolos et en même temps solennels. On recommence quand vous voulez !

Pascal et Pascale
Avec Pascal, mon mari, une journée si magnifique ! Si c'était à refaire, je le referais exactement de la même manière... Mon seul regret pour ce premier grand jour : je ne connaissais pas encore Véronique et n'ai donc pas porté de joli jupon en tulle...

Et voici Fabrice, notre photographe favori, en pleine action...

À vous de jouer, avec amour et tendresse...

Sommaire

Chapitre 1 Premiers pas vers le grand jour 8

Ribambelle de faire-part 10
Accroche-cœur 14
Le livre d'or 16
L'album de photos 18
Dragées en fête 20
Cœur brodé 24
Une voiture enrubannée 26

Chapitre 2 La mariée, ses demoiselles et ses garçons d'honneur 28

Le voile de la mariée 30
L'étole brodée 34
Bouquet pour un jour 36
Le jupon pour danser 40
Le collier fleuri 42
Une mariée de rêve 44
Un amour de robe 48
Tee-shirt de cérémonie 50
Des enfants à croquer 54
Aumônières de charme 58

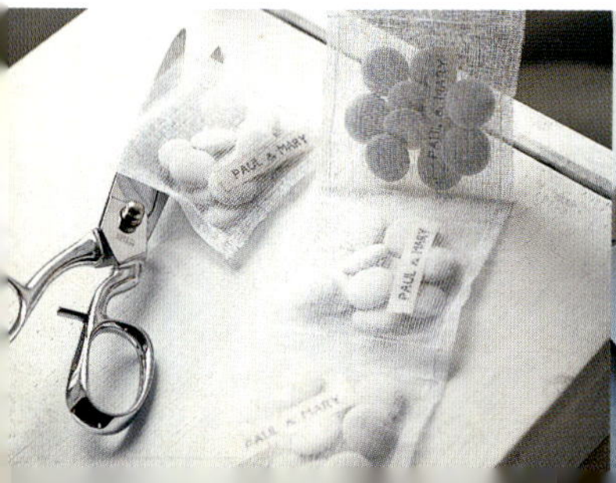

Chapitre 3 La maison en fête 62

Le jardin du bonheur 64
Fenêtres en habit 68
La tente-parasol 72
Jeux de lumières 76
Lanternes chinoises 80
Cage cœur 82
Topiaire en cœur 86
Poupées de mariés 88
Le cerf-volant 92

Chapitre 4 La table pour le plaisir 96

Menu de fête 98
Nappe d'apparat 100
Chaises ailées 104
Table de gala 106
Des fleurs pour la table 110
Un gâteau pour rire 114
Le gâteau des mariés 116
Ombres chinoises 118

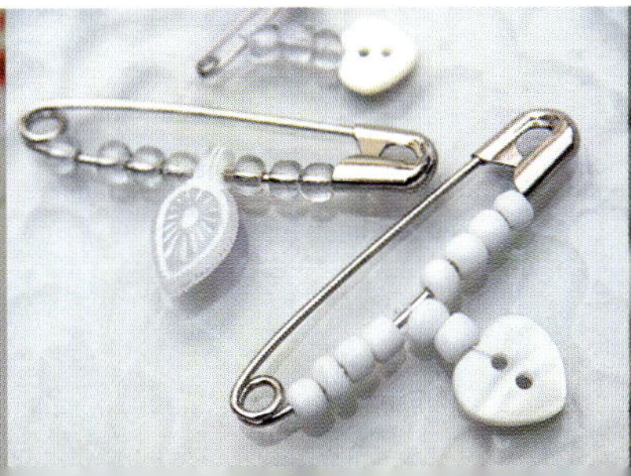

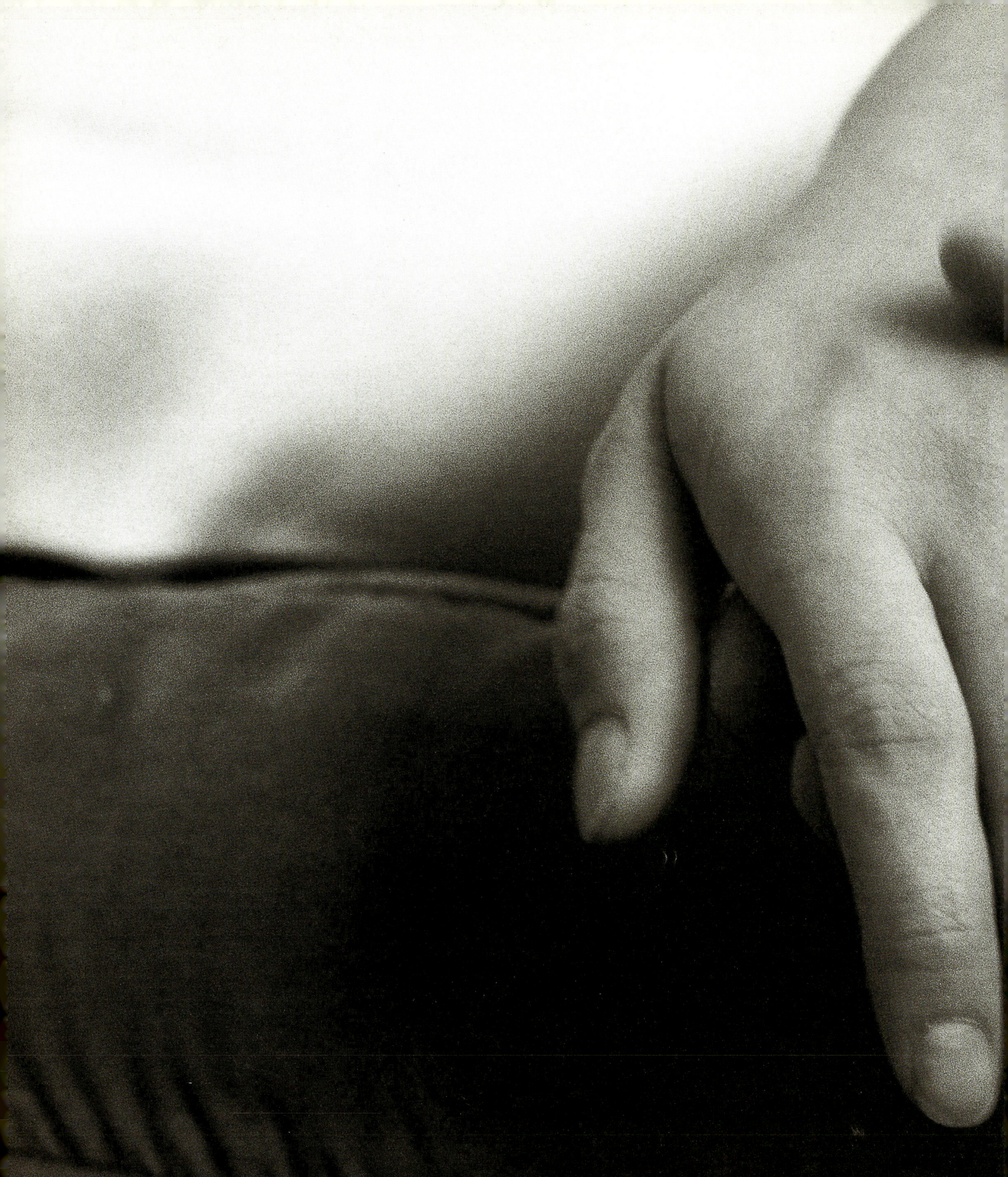

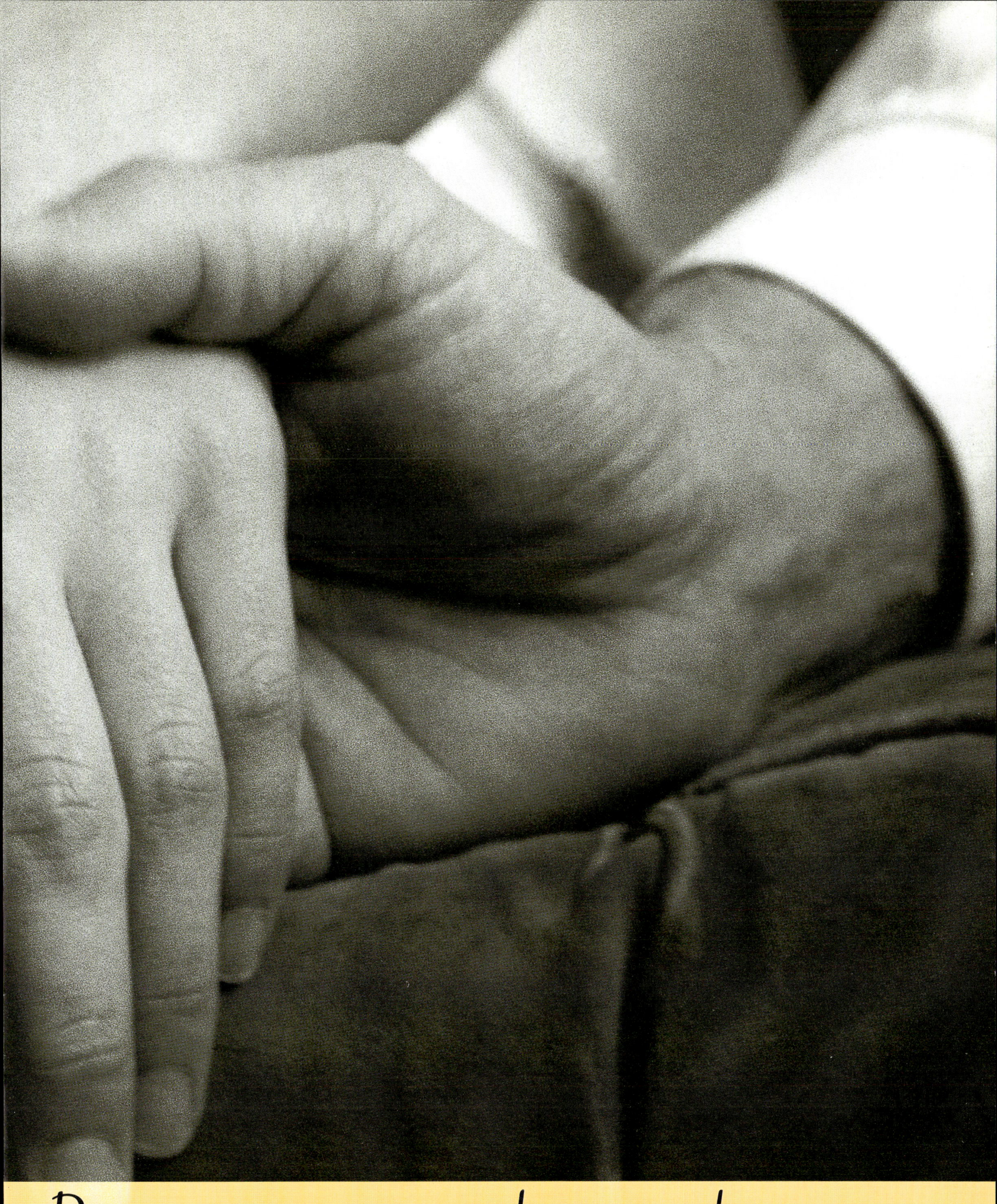

Premiers pas vers le grand jour…

Ribambelle de faire-part

Un souffle, un mot, puis un silence,
C'est assez : mon âme devance
Le sens interrompu des mots.

Lamartine, (1790-1869), *Nouvelles Méditations, Chant d'amour (II).*

FOURNITURES

- Papier blanc
- Papier fort
- Ciseaux
- Colle blanche
- Œillet de 0,5 cm de diamètre
- Pince à œillets
- Carton
- Ficelle blanche

1 Découpez dans le papier blanc une bande de 42 x 17 cm. Écrivez votre texte sur la feuille avant de la plier. Pliez la feuille en accordéon en faisant des plis de 2 cm.
Écrasez bien chaque pli.

2 Dans le papier fort, découpez deux bandes de 17 x 2 cm. Collez-les sur le premier et sur le dernier des plis de l'éventail, côté extérieur.

3 Resserrez tous les plis sur un des côtés et, avec une pince à œillets, posez un petit œillet de 0,5 cm de diamètre.

4 Coupez dans du carton un rectangle de 4,5 x 2 cm. Enroulez la ficelle tout autour comme pour réaliser un écheveau. Enroulez plus ou moins de ficelle selon le volume que vous souhaitez donner à votre gland. Glissez un morceau de ficelle entre le carton et la ficelle enroulée. Nouez-le solidement en laissant ses extrémités libres. Coupez la ficelle à l'autre extrémité du carton. À environ 1 cm du haut du gland, enroulez une bonne longueur de ficelle et nouez. Égalisez la partie inférieure du gland. Accrochez-le à l'œillet.

5 Il est possible de réaliser ce faire-part avec des papiers de couleurs et pouquoi pas en tissu empesé.
De plus, cet éventail pourra servir lors de la cérémonie, les jours de grande chaleur !

Macaron

FOURNITURES
- Papier blanc
- Ciseaux
- Attache parisienne
- Adhésif double face

1 Découpez dans le papier une bande de 42 x 6 cm et pliez-la en accordéon en faisant des plis de 1 cm. Si votre feuille n'est pas assez grande, vous pouvez réaliser deux accordéons et les coller ensuite pli contre pli.

2 Posez un morceau d'adhésif double face sur le premier pli. Arrondissez la bande en la refermant sur elle-même de manière à ce que le dernier pli vienne se coller sur l'adhésif.

3 Coupez deux bandes de papier de 22 x 2,5 cm. Placez l'attache parisienne au centre du macaron et enfilez sur les deux tiges les deux bandes. Coupez les extrémités des bandes en biais et écrivez dessus les prénoms des mariés.

Lever de drapeaux

FOURNITURES
- Papier de soie
- Tampons lettres et chiffres
- Tampon encreur
- Brochette en bois
- Adhésif double face très fin
- Ciseaux

1 Découpez dans le papier de soie des rectangles de 14 x 11 cm. Avec les tampons, imprimez sur ces rectangles les initiales des mariés et la date de la cérémonie. Si vous ne possédez pas de tampons, vous pouvez aussi réaliser vos propres pochoirs. Inspirez-vous alors des différents alphabets proposés dans l'ouvrage (voir p. 53 et 98).

2 Collez sur le haut d'une brochette en bois un morceau d'adhésif double face. Repliez dessus le papier imprimé.

Faire-part en tarlatane

FOURNITURES

- Tarlatane
- Feutrine blanche
- Papier
- Ciseaux
- Fil et aiguille
- Perforeuse

1 Dans la tarlatane, découpez deux carrés de 8 cm de côté. Puis découpez un cœur dans un carré de feutrine de 4 cm de large environ. Placez le cœur entre les deux morceaux de tarlatane. Cousez tout autour à 0,5 cm des bords.

2 Découpez un carré de 8 cm de côté dans le papier et écrivez votre texte : soit un véritable faire-part, soit les prénoms des mariés...

3 Avec la perforeuse, faites un trou dans le carré de papier. Passez un fil dans le trou et maintenez avec un nœud tête d'alouette (voir p. 44). Cousez l'extrémité du fil sur un coin du carré de tarlatane.

Enveloppes calque

FOURNITURES

- Papier calque très fort de 30 x 21 cm
- Fil et aiguille
- Papier autocollant blanc
- Ciseaux

1 Pliez le calque sur 12 cm dans la longueur. Faites une couture de chaque côté. Si vous avez une machine à coudre, utilisez le point zig-zag, vous obtiendrez ainsi une couture parfaitement régulière. Rabattez les 6 cm restant pour fermer l'enveloppe.

2 Dans du papier autocollant blanc mat, découpez un cœur à main levée. Il vous servira à maintenir fermé le rabat de l'enveloppe.

3 Il ne vous reste plus qu'à écrire l'adresse de vos correspondants de votre plus belle écriture, à coller un joli timbre et à glisser le faire-part dans l'enveloppe.
Prévoyez un faire-part aux dimensions de l'enveloppe ou adaptez le format de l'enveloppe à votre faire-part.
Et pourquoi ne pas imprimer votre faire-part également sur du papier calque ?

Accroche-coeur

Le baiser frappe comme la foudre,
l'amour passe comme un orage,
puis la vie, de nouveau,
se calme comme le ciel,
et recommence ainsi qu'avant.

Guy de Maupassant (1850-1893), *Pierre et Jean.*

FOURNITURES

- 2 panneaux de polystyrène de 120 x 60 cm et de 5 cm d'épaisseur
- Crayon à papier
- Couteau de cuisine
- Cure-dents ou pics à brochettes
- Rouleau d'aluminium adhésif

1 Posez deux plaques de polystyrène de 5 cm d'épaisseur côte à côte. Dessinez dessus un cœur à main levée, avec un crayon à papier. Placez le milieu du cœur à la jointure entre les deux plaques.
Si vous ne vous sentez pas assez sûr de vous, vous pouvez aussi faire un gabarit du cœur sur une feuille de papier, à partir d'un des nombreux modèles proposés dans l'ouvrage.

2 Découpez le long du tracé avec un couteau de cuisine bien affûté. Puis réunissez les deux plaques par le milieu à l'aide de cure-dents que vous insérerez dans les tranches.

3 Pour renforcer le montage, posez de l'aluminium adhésif sur tout le pourtour du cœur. Maintenant, il ne vous reste plus qu'à épingler les messages de bonheur qui vous seront adressés.

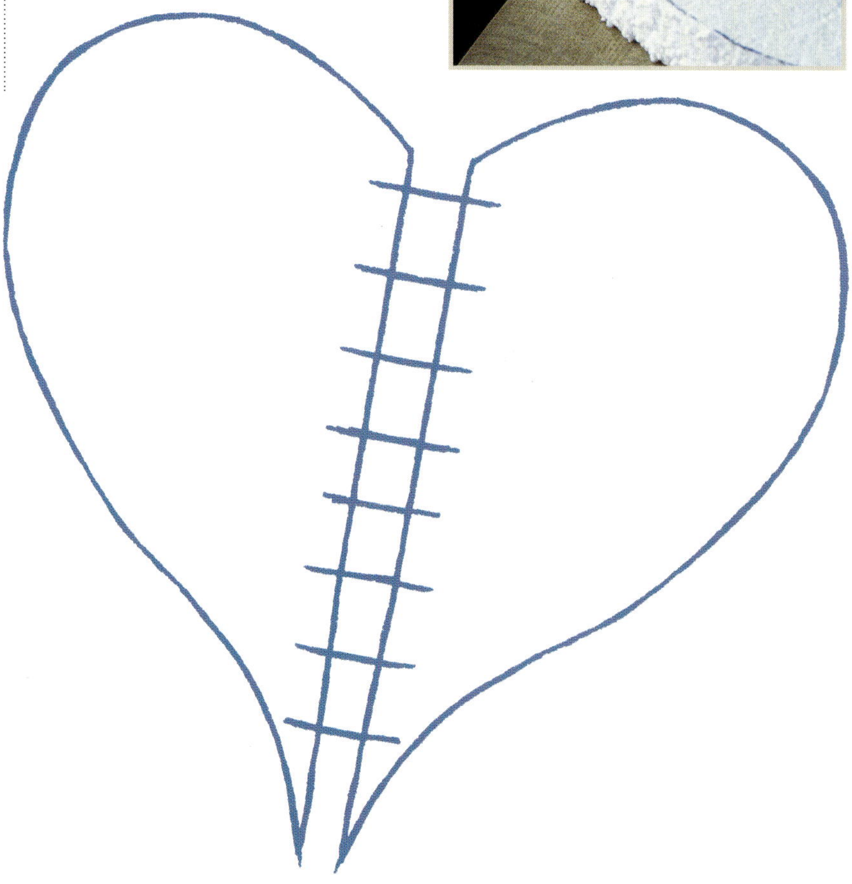

M & B
6.12.03
DE BREFS
INSTANTS
DE PLAISIR ...
DES PETITES
MISÈRES ...
TOUTE UNE
ANNÉE DE
BONHEUR

Le livre d'or

Vous aviez mon cœur,
Moi j'avais le vôtre :
Un cœur pour un cœur ;
Bonheur pour bonheur !

Marceline Desbordes-Valmore (1786-1859), *Qu'en avez-vous fait ?*

FOURNITURES

- Album
- Morceau de lin blanc
- Écheveau de fil à broder or
- Règle
- Crayon à papier
- Ciseaux
- Colle pour tissu

1 Sur le lin, tracez un rectangle de 10 cm de plus que l'album ouvert. N'oubliez pas de tenir compte de l'épaisseur de la tranche. Découpez soigneusement avec des ciseaux. Indiquez au crayon l'épaisseur (la tranche) de l'album et, sur les 5 cm de marges, faites une échancrure en haut et en bas.

2 Coupez 4,5 cm de l'échancrure et repliez les 0,5 cm restant vers l'intérieur. Collez avec de la colle pour tissu. Procédez de même pour la deuxième échancrure.
Avec un fer à repasser, marquez bien la pliure tout autour de l'album. Cela suffira à maintenir la couverture en place. Vous n'avez pas besoin de faire de couture.

3 En vous inspirant du modèle, dessinez à main levée deux cœurs qui se chevauchent sur le dessus du livre d'or. Passez sur le tracé avec de la colle pour tissu. Si la colle déborde, essuyez. Elle disparaîtra en séchant. Appliquez le fil or sur le cœur en procédant par petits segments.

4 Ne coupez pas les fils qui dépassent, ils serviront ensuite à fermer l'album. Collez un autre fil doré à l'arrière de l'album.

5 Vous pouvez personnaliser le motif si vous le souhaitez et dessiner un monogramme. Vous pouvez aussi dessiner le mot « love » (ou tout autre mot de votre choix) en suivant le modèle de la p. 33.

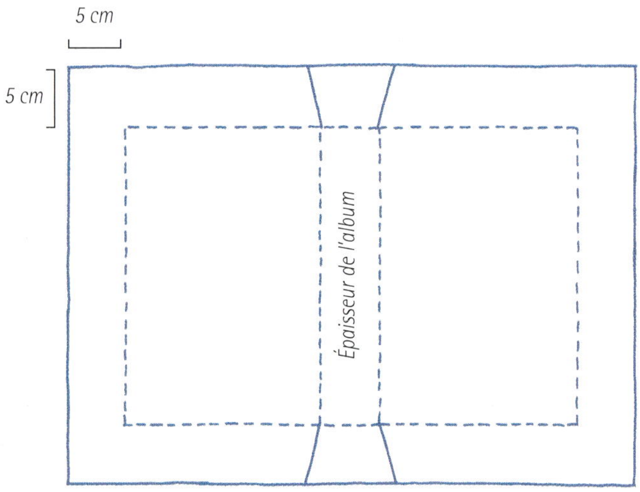

L'album de photos

Cet amour tout entier
Si vivant encore
Et tout ensoleillé
C'est le tien
C'est le mien.

Jacques Prévert (1900-1977), « Cet amour », *Paroles*.

Fournitures

- Papier fort
- Règle
- Ciseaux
- Ruban adhésif double face

■ **1** Prenez les dimensions de votre album ouvert (sans oublier de tenir compte de l'épaisseur de la tranche) et ajoutez au moins 3 cm à gauche et à droite.

■ **2** Découpez un morceau de papier fort à ces dimensions.

■ **3** Reproduisez sur le dessus de la jaquette le dessin proposé, au besoin en l'adaptant au format de votre album.
Avec un cutter, ouvrez délicatement les fenêtres et la porte. Pratiquez de petites incisions.

■ **4** Sélectionnez des photos des mariés, de leurs enfants s'ils en ont, de leurs parents, des témoins..., et collez-les, avec du ruban adhésif double face, derrière les fenêtres et la porte.
Si besoin, réduisez les photos ou agrandissez-les à la photocopieuse couleur pour qu'elles correspondent à la taille des fenêtres et de la porte.

■ **5** Placez la jaquette sur l'album de photos. Marquez bien les plis, en particulier au niveau de la tranche.

ViVE LES MARiÉS

Dragées en fête

Que nul soin ne te tourmente
Aimons-nous ! Aimons toujours ! -
La chanson la plus charmante
Est la chanson des amours.

Victor Hugo (1802-1885), *Les Contemplations.*

Fournitures

- Cerceau d'enfant
- Bande plâtrée de 6 x 0,8 m
- Ciseaux
- Bassine d'eau
- Petites boîtes en plastique transparent de formes variées à suspendre
- Raphia

1 Avec les ciseaux, coupez des morceaux de bande plâtrée d'environ 1 m de long. Trempez une bande dans une bassine d'eau tiède pendant quelques secondes et enroulez-la autour du cerceau en la faisant se chevaucher sur elle-même.

2 Lissez bien avec la main, afin de bien disperser le plâtre et de boucher tous les interstices des fibres.

Recommencez l'opération jusqu'à ce que le cerceau soit entièrement recouvert. Laissez sécher.

3 Remplissez de dragées des boîtes en plastique transparent. Variez les formes des boîtes et les couleurs des dragées de manière à créer un ensemble harmonieux. Vous pouvez aussi glisser dans chaque boîte une petite étiquette portant les prénoms des mariés et la date de la cérémonie.

4 Avec du raphia, suspendez-les au cerceau à différentes hauteurs pour éviter une impression de monotonie. À la fin de la journée, chaque invité coupe un lien en raphia et part avec sa boîte de dragées.

Variante

Vous pouvez aussi imaginer d'autres systèmes d'accroche et d'autres types de contenants. N'hésitez pas à utiliser des matières très simples, cornets en papier calque ou sachets en cellophane...

Cornets à dragées

FOURNITURES
- Papier calque
- Adhésif double face
- Perforeuse
- Bolduc

1 Prenez un rectangle de papier calque. Collez une bande d'adhésif double face sur un des petits côtés. Roulez le papier calque sur lui-même, sans trop le serrer, de manière à former un cône. Avec une perforeuse, faites un trou dans la pointe du cône. Passez un brin de bolduc et suspendez le cône.

2 Si vous préférez fermer le cornet, faites un second trou dans l'avant du cône. Rabattez la pointe, faites passez un brin de bolduc par les deux trous et nouez.

Boîtes en papier

FOURNITURES
- Papier peint assez fort

1 Prenez un carré de papier peint de 22 cm de côté. Marquez les plis dans la largeur et dans la longueur.

2 Rabattez les quatre coins vers le centre.

3 Repliez un côté vers le centre pour indiquer la pliure. Dépliez et passez au côté suivant. Faites de même avec les deux derniers côtés.

4 Dépliez deux côtés opposés et maintenez relevés les bords AB et CD puis repliez les points A et C vers le centre. Faites de même avec la pointe opposée.

5 Rabattez une pointe vers l'intérieur de la boîte. Renouvelez l'opération avec l'autre pointe.

6 Réalisez de la même façon le couvercle, mais en prenant un carré de papier légèrement plus grand, de 23 cm de côté.

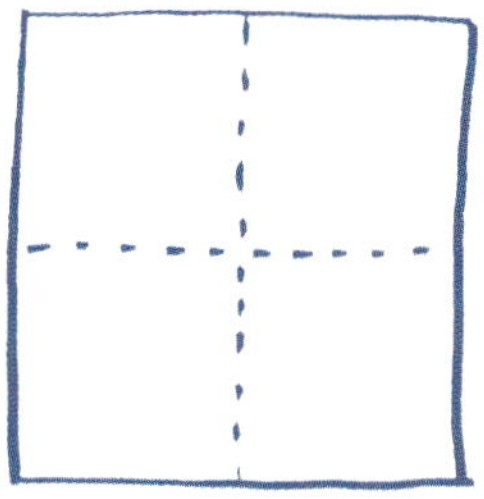

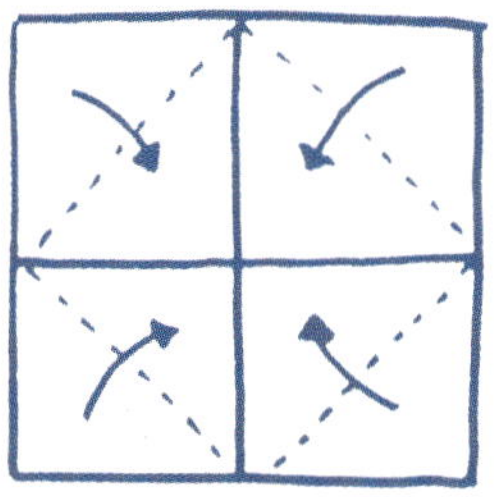

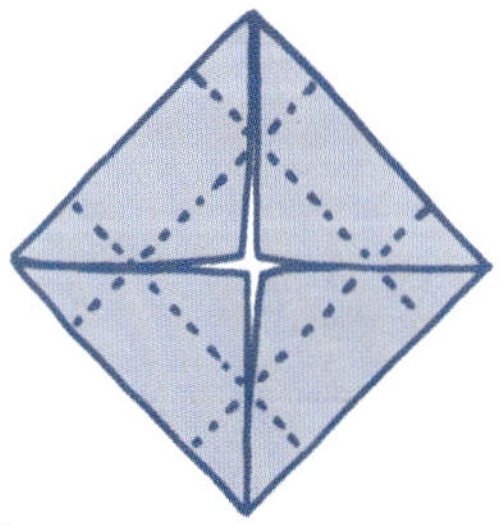

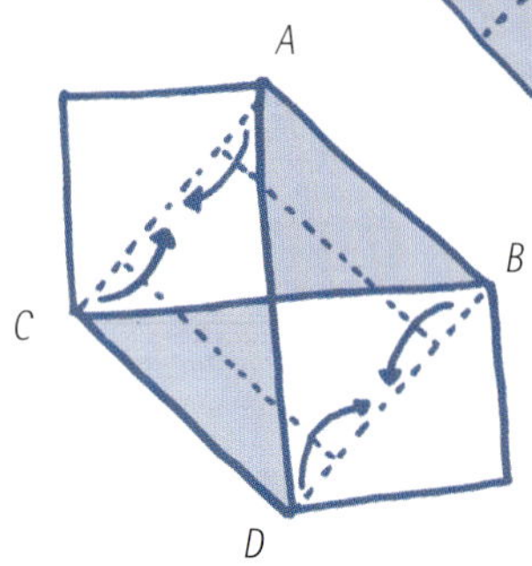

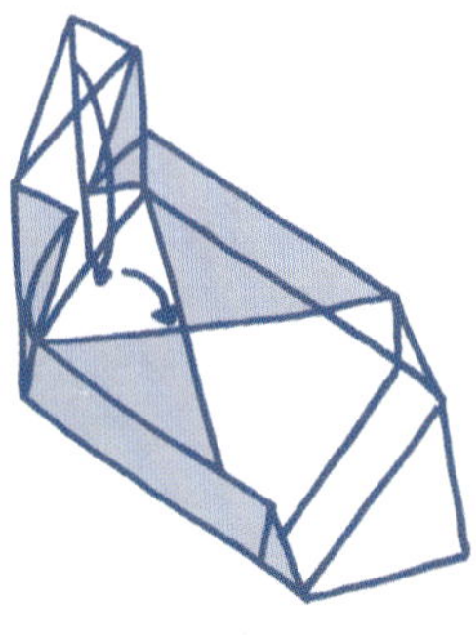

Sachets sucre d'orge

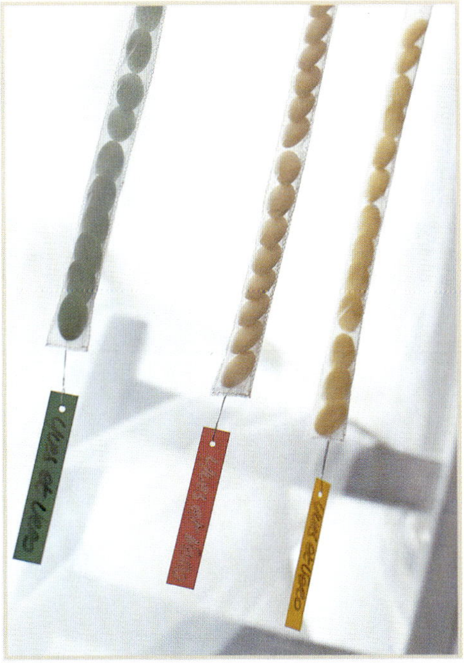

Fournitures

- Organdi
- Étiquettes
- Ciseaux
- Fil et aiguille
- Tiges en fer

1 Coupez dans l'organdi deux rectangles de 37 x 3 cm. Assemblez-les sur trois côtés (deux longueurs et une largeur) au point zig-zag le plus fin possible. Glissez des dragées à l'intérieur et fermez par une couture au point zig-zag.

2 Vous pouvez glisser entre les mailles une étiquette, avec les prénoms des mariés, attachée à une tige en fer.

Petits sachets à œillet

Fournitures

- Tarlatane
- Œillet de 1 cm de diamètre
- Pince à œillets
- Raphia ou ruban

1 Coupez un rectangle de 26 x 9 cm dans la tarlatane. Pliez-le en deux et cousez les deux côtés latéraux au point de piqûre. Retournez le sachet et repassez-le. Glissez quelques dragées à l'intérieur.
Cousez le dernier côté encore ouvert à environ 1 cm du bord.

2 Posez un œillet et faites passer un ruban ou un morceau de raphia. Autour de ce lien, vous pouvez ajouter une étiquette avec les prénoms des mariés et la date de la cérémonie.

Sachets en ribambelle

Fournitures

- Tarlatane
- Ciseaux
- Papier

1 Coupez deux rectangles de tarlatane de 64 x 10 cm. Superposez-les et cousez-les sur trois côtés (deux longueurs et une largeur) à 0,5 cm des bords.

2 Placez une douzaine de dragées dans le sac et ajoutez une étiquette avec les prénoms des mariés. Fermez le sac par une couture à 8 cm de la première. Faites une nouvelle couture 1 cm plus loin.

3 La bande de 64 x 10 cm vous permet de faire sept sachets. Le jour du mariage, vous n'aurez plus qu'à les séparer en coupant entre les coutures espacées de 1 cm pour les offrir à vos invités.

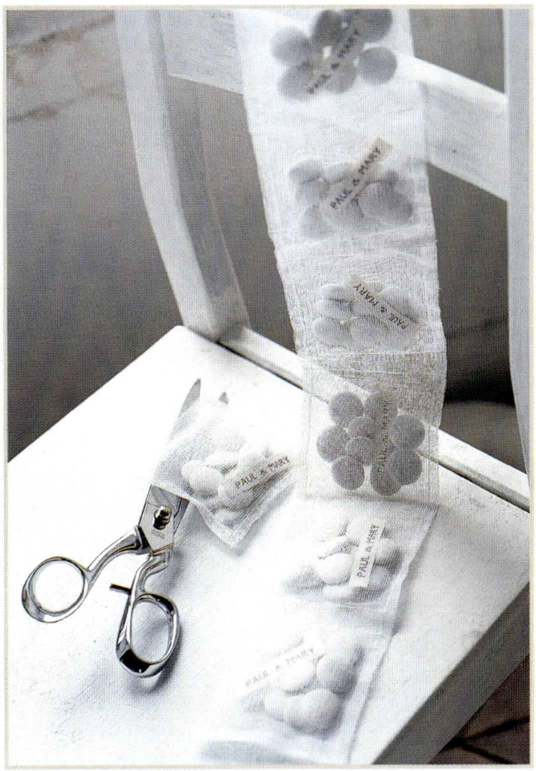

Cœur brodé

Tu diras oui, je dirai oui ;
et nos voix trembleront
un peu et hésiteront à cause
du monde et parce qu'on n'aime
à se dire ces choses
que tout doucement à l'oreille.

Charles-Ferdinand Ramuz (1878-1947), *Le Petit Village.*

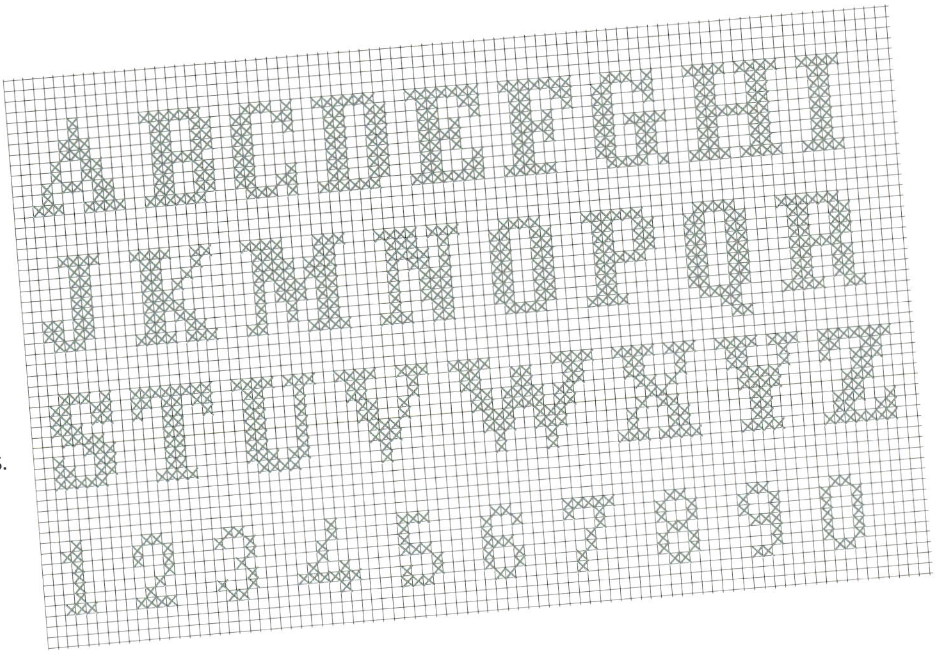

Fournitures

- 20 x 20 cm de toile Aïda blanche
- 20 x 20 cm de toile blanche
- Fibres de rembourrage
- Coton perlé écru
- Aiguille

1 Brodez le cœur sur le carré de toile Aïda en vous aidant de la grille. Brodez ensuite la date et les prénoms. Utilisez le point de croix ou le demi-point à votre convenance.

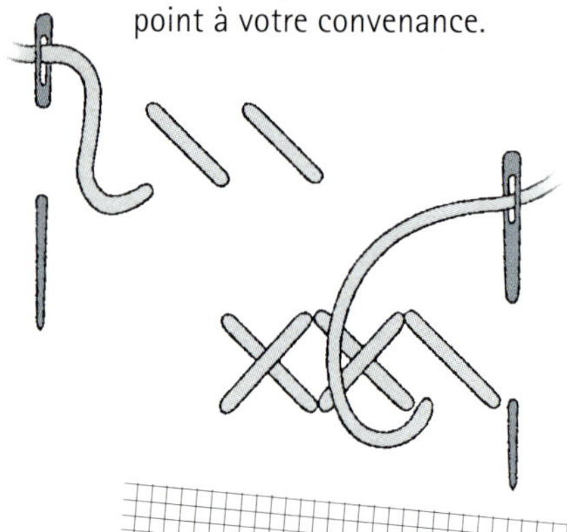

2 Une fois le motif terminé, posez le carré brodé sur le carré de tissu, endroit contre endroit. Faufilez les deux carrés à 1 cm du bord sur trois côtés. Piquez à la machine ou à la main au point arrière.

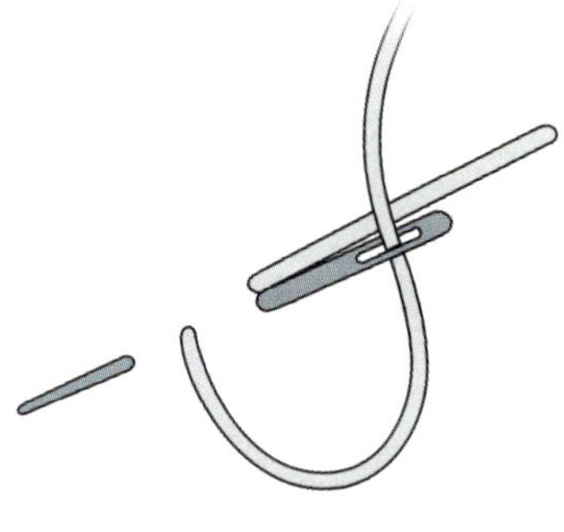

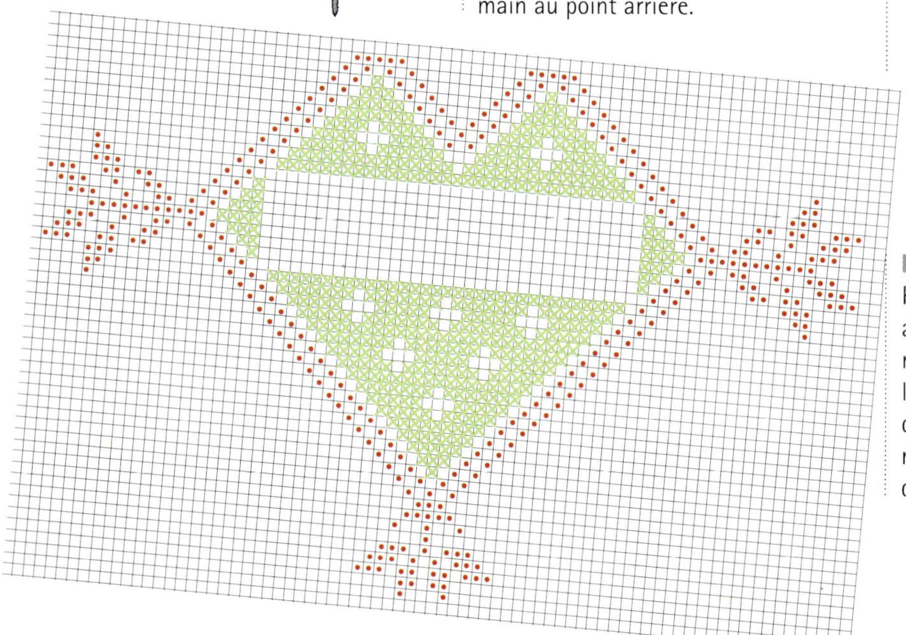

3 Ouvrez les coutures au fer. Retournez le coussin et remplissez-le avec le rembourrage choisi en répartissant bien la bourre. Fermez le quatrième côté : faites un rentré de 1 cm vers l'intérieur sur chaque morceau de tissu et fermez par de petits points.

LAURENCE
PAUL

Une voiture enrubannée

Sur cette terre, ma seule joie,
Mon seul bonheur
C'est mon homme.
J'ai donné tout c'que j'ai,
Mon amour et tout mon cœur
À mon homme.

Albert Willemetz et Jacques Charles, *Mon Homme (interprété par Mistinguett).*

Fournitures

- Résille de plastique pour jardin
- Bolduc blanc
- Ciseaux
- Fil de nylon

1 Dessinez un cœur sur la résille de plastique en adaptant ses dimensions à la taille du coffre de votre voiture.
Découpez-le avec des ciseaux.

2 Coupez des morceaux de bolduc blanc de 20 cm de long et nouez-les tout autour du cœur sur les quatre côtés de la maille. Faites ainsi une bordure de 5 cm de large.

3 Préparez quelques grandes longueurs de bolduc pour la traîne. Nouez-les à la pointe du cœur.

4 Pour fixer le cœur sur la voiture, utilisez un fil de nylon. Attachez deux longueurs de fil en passant dans le cœur et nouez-les à l'intérieur du coffre en les croisant.

5 Modulez le système de fixation en fonction de la taille et la forme de votre coffre.

Variante

Il vous suffit de réduire la taille de votre cœur en résille pour décorer les poignées et les rétroviseurs de votre voiture.

BMW
2002

La mariée, ses

demoiselles et ses garçons d'honneur

Le voile de la mariée

Quand il me prend dans ses bras,
Qu'il me parle tout bas,
Je vois la vie en rose.
Il me dit des mots d'amour,
Des mots de tous les jours,
Et ça m'fait quelque chose.

Édith Piaf (1915-1963), *La Vie en rose.*

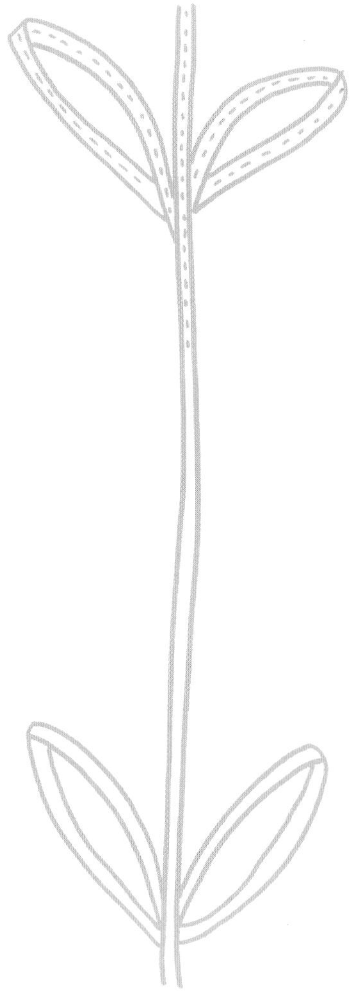

Fournitures

- Tulle
- Ruban souple blanc
- Fil blanc
- Aiguille

1 Coupez le morceau de tulle à la taille désirée : voile court, voile long, voile rabattu sur le visage, voile fixé au chignon... Tout est possible, mais veillez à adapter vos dimensions au type de voile que vous recherchez. En fonction de l'effet désiré, vous pouvez partir d'un carré, d'un rectangle ou d'une forme arrondie. Vous n'avez pas besoin de faire un ourlet, le tulle ne s'effiloche pas.

2 Photocopiez le dessin de la feuille et de la tige en l'agrandissant à la taille désirée. Disposez le patron sous le tulle, à 10 cm du bord, et épinglez-le. Profitez de la transparence du tissu pour fixer directement le ruban avec des épingles. Déplacez le patron autant de fois qu'il est nécessaire pour faire le tour du voile.

3 Cousez le ruban au point avant, en veillant à ce que les points et les intervalles soient de même longueur.

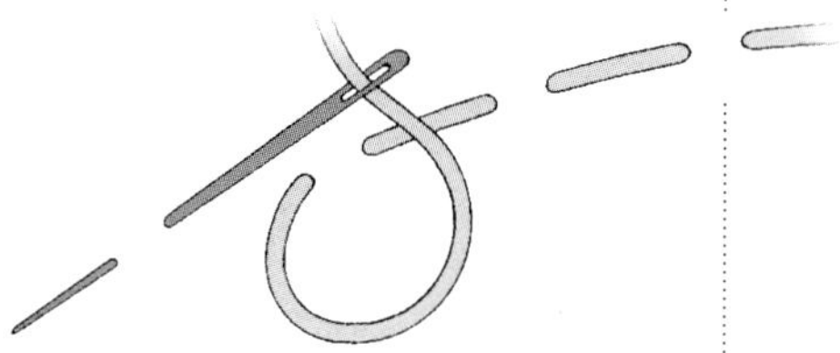

Variantes

N'hésitez pas à personnaliser le motif du ruban.
Vous pouvez aussi varier son emplacement, en fonction de la forme du voile et de l'effet que vous recherchez.

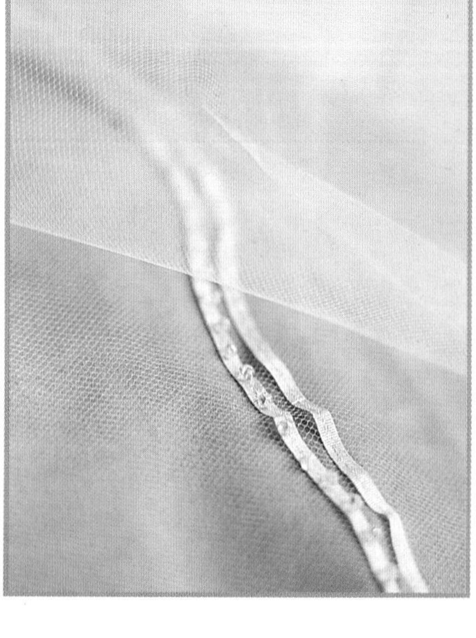

L'étole brodée

Ses rêves en pleine lumière
Font s'évaporer les soleils,
Me font rire, pleurer et rire,
Parler sans avoir rien à dire

Paul Éluard (1895-1952), « L'Amoureuse », *Capitale de la douleur.*

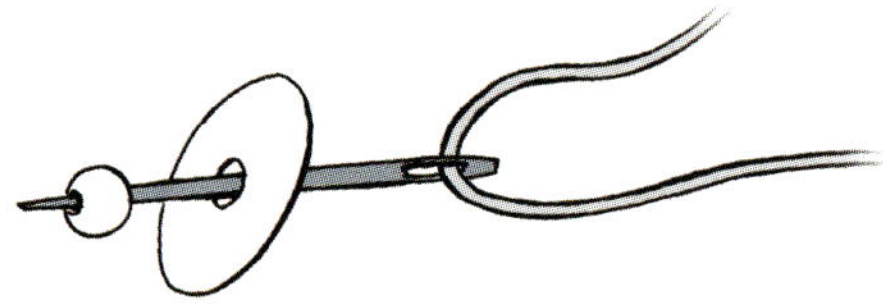

Fournitures

- Tissu type organdi blanc
- Paillettes blanches
- Petites perles blanches
- Ciseaux
- Mètre ruban
- Aiguille
- Fil blanc
- Coton perlé blanc
- Feuille de papier
- Épingles

■ **1** Avec les ciseaux, découpez dans l'organdi un carré de 1,16 m de côté. Avec le fil blanc, faites un ourlet tout autour de 0,5 cm.

■ **2** Posez votre carré de tissu bien à plat sur la table. Passez un fil, comme pour un bâti, à 1,5 cm des bords. Faites de même à 7 cm des bords. Ces fils seront retirés par la suite. Ils vont vous servir de guide pour la broderie.

■ **3** Avec le coton perlé blanc, faites un point d'épine tout autour de votre tissu en suivant bien vos bâtis.
Le point d'épine s'exécute alternativement à gauche et à droite.

■ **4** Reportez le cœur sur une feuille de papier et découpez-le avec des ciseaux. Fixez-le avec des épingles sur votre tissu à un des angles, dans la bande délimitée par les deux tours brodés.
Passez un fil de bâti tout autour du gabarit, en suivant bien le tracé.
Enlevez le cœur de papier.
Vous pouvez aussi reporter le motif directement au crayon pour tissu.

■ **5** Avec le coton perlé blanc, brodez le cœur au point d'épine en suivant bien le tracé. Brodez ainsi un cœur à chacun des angles.

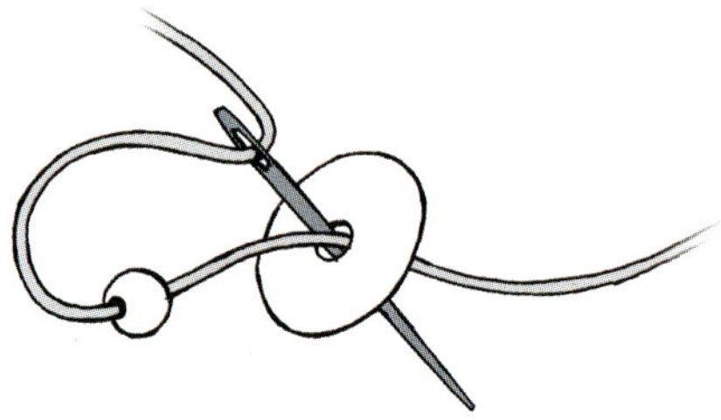

■ **6** Placez quelques paillettes à l'intérieur de chaque cœur et maintenez-les avec une perle cousue : sortez le fil par le trou de la paillette puis enfilez la perle. Repassez le fil dans le trou de la paillette.
Serrez et faites un petit nœud sur l'envers du tissu.

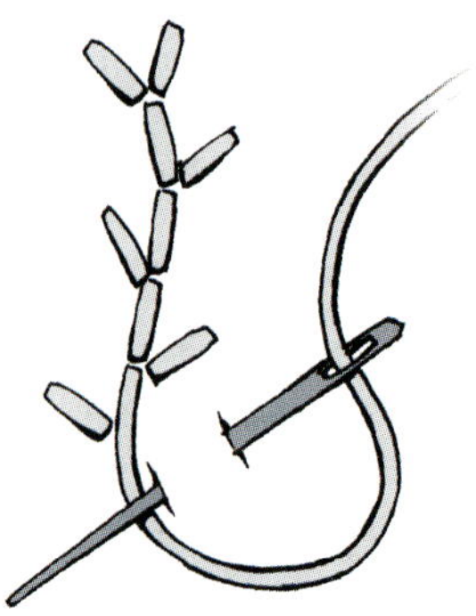

Point d'épine à droite

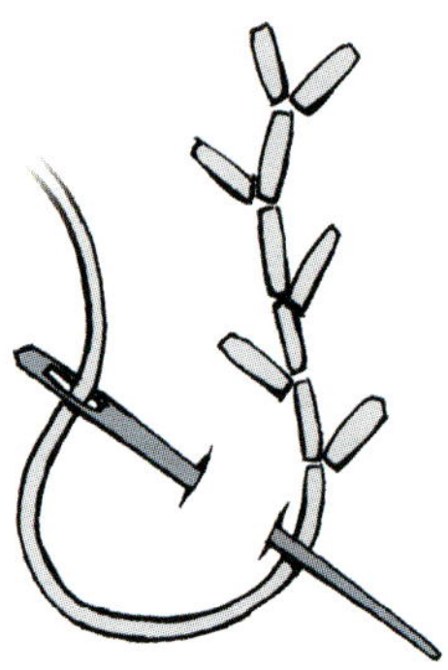

Point d'épine à gauche

Bouquet pour un jour

- Ah ! les premières fleurs qu'elles sont parfumées
Et qu'il bruit avec un murmure charmant
Le premier oui qui sort des lèvres bien-aimées !

Paul Verlaine (1844-1896), *Nevermore.*

Fournitures

- Boule Oasis de 10 cm de diamètre
- 2 bottes de fleurs (ici des chrysanthèmes)
- 2 m de ruban de tulle
- Ciseaux

■ **1** Mettez la boule Oasis à tremper pendant 10 à 15 minutes, jusqu'à ce qu'elle soit gorgée d'eau. Vous ne devez plus voir de petites bulles se former à la surface de l'eau. Laissez-la s'égoutter pour évacuer le surplus d'eau et pour éviter qu'elle ne soit trop lourde.

■ **2** Coupez deux fois 1 mètre de ruban. Croisez les rubans sur la boule et attachez-les avec un nœud. Laissez de la longueur, vous pourrez ainsi vous servir des rubans pour tenir le bouquet.

■ **3** Préparez les fleurs. Coupez les tiges de manière à n'en laisser que 2 cm. Retirez les feuilles. Si vous avez choisi des roses, retirez les épines.

■ **4** Piquez les fleurs tête contre tête. Enfoncez les tiges dans les trous. Veillez à maintenir délicatement la tête des fleurs pour éviter que la tige ne se casse. Lorsque les trois quarts de la boule sont recouverts, suspendez-la pour ne pas abîmer les fleurs déjà en place et posez les dernières fleurs.

■ **5** Pour un effet encore plus réussi, adaptez votre bouquet afin de décorer, dans le même style, la boutonnière du marié et les tenues des demoiselles et des garçons d'honneur.
Par exemple, vous pouvez préparez une boutonnière avec la même fleur, en suivant les explications de la p. 39.

Bouquet de lierre

FOURNITURES

- Feuilles de lierre, branches avec des baies...
- Sécateur
- Ruban

■ **1** Choisissez de belles feuilles de lierre ainsi que des branches avec des baies. Évitez les baies rouges qui risquent de tacher la robe blanche de la mariée : préférez des baies jaunes ou blanches.
Nettoyez les tiges de toutes les petites feuilles. Arrêtez-vous à la hauteur de croisement souhaitée pour les tiges, c'est-à-dire juste au-dessus de la main lorsque l'on tient le bouquet.

■ **2** Croisez les tiges en les passant les unes sur les autres tout en tournant le bouquet, comme pour monter une spirale.

■ **3** Insérez de longues branches de lierre bien souples au reste du bouquet : elles figureront la traîne.

■ **4** Maintenez ce bouquet hivernal avec un joli ruban : faites plusieurs fois le tour du bouquet et serrez bien. Avec un sécateur, coupez légèrement les tiges trop longues, si nécessaire. Attention, ne faites pas un bouquet trop gros, il risque d'être fatigant à porter.

Bouquet rond

FOURNITURES

- Bouquet de fleurs
- Sécateur
- Ruban

Quelles que soient les fleurs que vous choisissez, le principe est toujours le même. En automne, vous pouvez, comme ici par exemple, mélanger des roses et des branches de noisetier.

■ **1** Commencez par nettoyer les tiges : retirez les feuilles et les épines. Arrêtez-vous à la hauteur de croisement souhaitée pour les tiges, c'est-à-dire juste au-dessus de la main lorsque l'on tient le bouquet.

■ **2** Croisez les tiges en les passant les unes sur les autres tout en tournant le bouquet, comme pour monter une spirale. Procédez comme pour le bouquet de lierre.

■ **3** Maintenez le tout avec un joli ruban, assorti à vos fleurs : faites plusieurs fois le tour du bouquet et serrez bien. Avec un sécateur, égalisez les tiges.

Boutonnière pour le marié

FOURNITURES
- Fleur de votre choix
- Sécateur
- Épingle de nourrice de taille moyenne

Choisissez une fleur avec une tige suffisamment rigide comme un œillet ou une rose. Introduisez une épingle de nourrice à l'intérieur de la poche de la veste et piquez vers l'extérieur afin d'attraper la tige de la fleur. Repiquez vers l'intérieur et fermez l'épingle de nourrice.

Bouquet à fleur unique

FOURNITURES
- Fleur de votre choix
- Sécateur
- Rubans

Une simple fleur peut, par son volume, constituer un bouquet à elle toute seule, comme cette fleur d'hortensia. Nettoyez un peu la tige et ajoutez tout autour un joli lien, des rubans entremêlés par exemple.

Bouquet de violettes

FOURNITURES
- Violettes
- Larges feuilles
- Rubans

Préparez une dizaine de petits bouquets de violettes que vous entourerez de jolies feuilles, pour former comme une corolle. Certains fleuristes en vendent tout prêts. Réunissez-les tous ensemble de manière à former un gros bouquet et attachez les tiges avec un joli ruban.

Le jupon pour danser

Il aimait à la voir, avec ses jupes blanches
Courir tout au travers du feuillage et des branches,
Gauche et pleine de grâce, alors qu'elle cachait
Sa jambe, si la robe aux buissons s'accrochait.

Charles Baudelaire (1821-1867), *Poésies diverses, Poésies de jeunesse.*

Fournitures

- Tulle blanc
- Ciseaux
- Mètre ruban
- Fil blanc et aiguille
- Ruban ou biais blanc de 2,5 cm de large

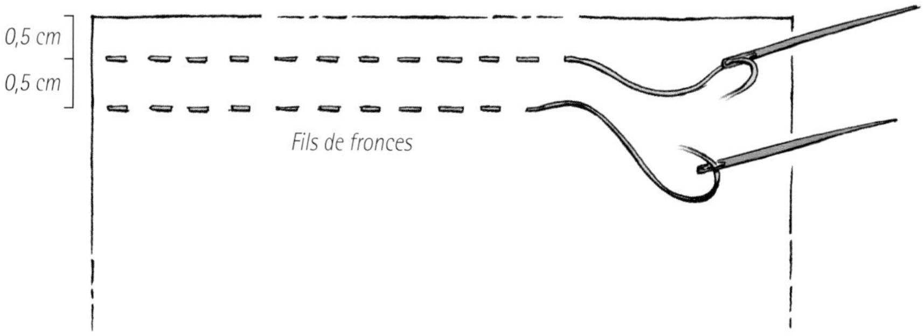

1 Coupez trois rectangles de tulle de 0,80 x 7,50 m. Le tulle est souvent vendu en grande largeur (2,40 m), il vous suffit alors de le plier en trois pour obtenir la largeur souhaitée. Mesurez le tour de taille de la mariée.

2 Posez les trois morceaux de tulle les uns sur les autres. Bâtissez-les dans la longueur en maintenant bien les trois épaisseurs ensemble.

3 À 0,5 cm du haut du jupon, passez deux fils de fronces espacés de 0,5 cm. Tirez sur les deux fils en même temps jusqu'à obtenir la mesure du tour de taille de la mariée. Prévoyez quelques centimètres supplémentaires pour que le tissu se chevauche à l'endroit de la fermeture et empêche de voir les jambes. Arrêtez les fils de fronces par un nœud.

4 Bâtissez le ruban à cheval sur le haut du jupon. Il doit recouvrir les fils de fronces. Laissez 60 cm de ruban dépasser à chaque extrémité (ils serviront à fermer le jupon). Piquez à la machine.

5 Ce jupon n'est pas fermé. Il se noue à la taille avec le ruban. Cependant, si vous souhaitez le fermer, cousez le tulle dans la hauteur en laissant une ouverture, au niveau de la taille, afin de pouvoir l'enfiler.

Le collier fleuri

Elle est douce et muette, sans aucun reproche,
Avec un long tressaillement à votre approche ;
Mais quand moi je lui viens, de-ci, de-là, de fête,
Elle fait un pas puis ferme les yeux - et fait un pas.

Blaise Cendrars (1887-1961), *La Prose du Transsibérien et de la petite Jehanne de France.*

Fournitures

- Feutrine blanche
- Ciseaux
- Fil et aiguille
- 1,50 m de ruban fin

1 Coupez dans la feutrine blanche douze bandes de 20 x 2,5 cm. Passez un fil de fronces sur une des longueurs, le plus près possible du bord.

2 Tirez sur le fil de fronces et superposez 0,5 cm des deux extrémités de la bande l'une sur l'autre. Maintenez avec un point solide.

3 Avec des ciseaux, arrondissez bien les extrémités pour obtenir une jolie fleur.
Procédez de la même façon pour les onze autres fleurs.

4 Cousez une fleur au milieu du ruban puis disposez les autres régulièrement à gauche et à droite de ce point central en les espaçant de 5 cm chacune.

Variantes

L'œillet
Avec des ciseaux cranteurs, découpez une bande de tissu de 80 x 3 cm. Comme précédemment, passez un fil de fronces sur une des longueurs, le plus près possible du bord. Tirez sur le fil de fronces pour former la fleur. Maintenez avec un point.

Le nénuphar
Découpez deux fois une fleur dans de la feutrine blanche. Puis découpez une troisième fleur légèrement plus petite. Enfin, préparez un petit rond de feutrine de 1,5 cm de diamètre. Superposez ces éléments et maintenez-les ensemble par un petit point.

Le dahlia
Prenez une grande longueur de ruban (environ 2 m) et formez des 8 successifs en repassant toujours au centre. Lorsque votre fleur est suffisamment grosse, faites un petit point au milieu pour tenir les différentes épaisseurs de ruban.

Une mariée de rêve

Moi je t'offrirai
Des perles de pluie
Venues de pays
Où il ne pleut pas (...)
Je ferai un domaine
Où l'amour sera roi
Où l'amour sera loi
Où tu seras reine

Jacques Brel (1929-1978), *Ne me quitte pas.*

Fournitures

- Pain de terre blanche auto-durcissante
- Brochette en bois
- Rond de nacre (ou plaque de bois, coquillage...)
- Mini-perceuse
- 2,5 m de ruban très fin (0,5 cm)
- Aiguille à gros chas

■ **1** Façonnez des petites billes avec la terre blanche. Roulez-les jusqu'à ce qu'elles atteignent environ 6 mm de diamètre. Réalisez ainsi 75 billes. Elles n'ont pas besoin d'avoir toutes rigoureusement la même taille, au contraire.

■ **2** Enfilez les billes sur des brochettes. Attention, elles ne doivent pas se toucher les unes les autres.

■ **3** Laissez sécher ainsi au moins une semaine. Vous observerez qu'en séchant, la pâte s'éclaircit naturellement.

■ **4** Avec une mini-perceuse, faites un petit trou dans le rond de nacre, tout près du bord. Prenez 1 mètre de ruban et passez-le dans le trou. Maintenez-le avec un nœud tête d'alouette.
Au lieu de nacre, vous pouvez choisir un joli morceau de bois ou un coquillage. Vous pouvez également ne rien mettre au bout du collier.

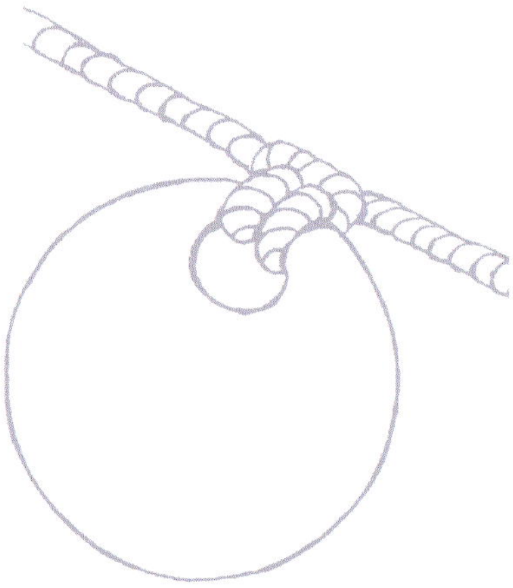

■ **5** Enfilez deux perles en prenant les deux morceaux de ruban ensemble. Puis séparez les deux morceaux de ruban. Enfilez treize perles sur chacun. Laissez en attente à plat.
Prenez un autre morceau de ruban suffisamment long pour pouvoir y enfiler 22 perles. Laissez en attente.
Prenez un dernier morceau de ruban et enfilez 20 perles.

■ **6** Placez les deux rangs de perles à l'intérieur du premier, par ordre décroissant. De chaque côté, vous obtenez trois morceaux de ruban. Passez ensemble les trois extrémités de ruban dans une aiguille et enfilez dessus deux perles. Faites un nœud pour arrêter. Recommencez l'opération de l'autre côté. Laissez les rubans libres, ils serviront à nouer le collier autour du cou.

Gants aux papillons

FOURNITURES

- Paire de gants blancs
- Organdi vert et blanc
- Ciseaux
- Fil et aiguille

En vous aidant du gabarit, découpez dans l'organdi blanc et dans l'organdi vert, des papillons. Superposez un papillon vert et un blanc et cousez-les ensemble sur les gants.
Un petit point discret au milieu du corps du papillon suffit.
Placez autant de papillons que vous le souhaitez. N'en cousez pas dans la paume de la main. Vous pouvez varier les couleurs et les formes à volonté.

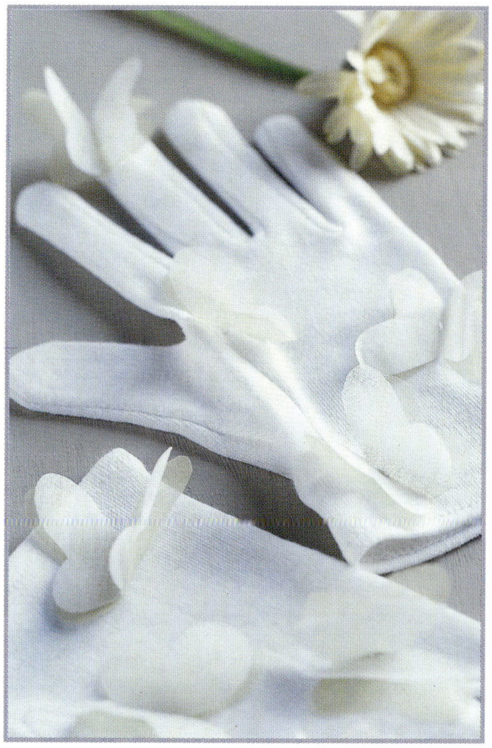

Pique à cheveux

FOURNITURES

- Grosse perle nacrée
- Brochette en bois

Enfilez une grosse perle nacrée sur une brochette. Veillez à ce que le trou de la perle ne soit pas trop large par rapport au diamètre de la brochette.
Si votre perle n'a pas de trou, vous pouvez la coller à l'extrémité de la brochette.

Top boa

FOURNITURES

- Haut blanc à bretelles
- Boa cygne blanc
- Fil et aiguille

Mesurez la longueur de boa nécessaire. Bâtissez le boa sur l'encolure en commençant par le milieu du devant. Cousez. Faites des petits points, mais ne les serrez pas trop. Commencez par le devant, continuez par les bretelles et finissez par le dos.
Vous pouvez choisir un boa de couleur ou à l'inverse un haut coloré et un boa blanc.

Top fleuri

FOURNITURES

- Haut blanc à fines bretelles
- 4 m de ruban de lin glacé blanc de 1,5 cm de large
- 10 petits boutons de nacre
- Ciseaux
- Épingle
- Fil et aiguille

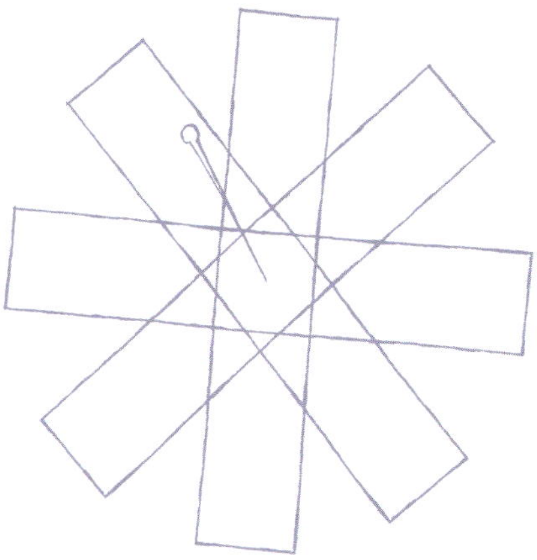

1 Coupez dans le ruban une quarantaine de morceaux de 8 cm de long. Prenez quatre morceaux de ruban et placez-les en croix pour former une fleur. Veillez à ce que les morceaux se chevauchent bien en leur centre. Maintenez-les ensemble en piquant une épingle dans le centre de la fleur.

2 Cousez un bouton de nacre au centre de la fleur. Il figurera le cœur tout en maintenant ensemble les différentes épaisseurs. Réalisez dix fleurs de cette manière.

3 Cousez les fleurs sur le devant de l'encolure et sur les bretelles du haut. Arrêtez-vous au niveau de l'épaule.
Si vous le souhaitez, vous pouvez préparer davantage de fleurs pour les coudre sur toute l'encolure (devant et dos) et sur toute la longueur des bretelles.

Un amour de robe

Le bonheur est dans le pré. Cours-y vite, cours-y vite. Le bonheur est dans le pré. Cours-y vite. Il va filer.

Paul Fort (1872-1960), *Le Bonheur.*

Fournitures

- Pièce d'organdi blanc de 1 x 1,40 m
- Mètre ruban
- Crayon à papier
- Ciseaux
- Feuille de papier
- Fil blanc et aiguille

1 Coupez votre pièce d'organdi en deux, de manière à obtenir deux rectangles de 50 x 70 cm. Sur chaque rectangle, indiquez au crayon à papier l'emplacement des plis en suivant le schéma.

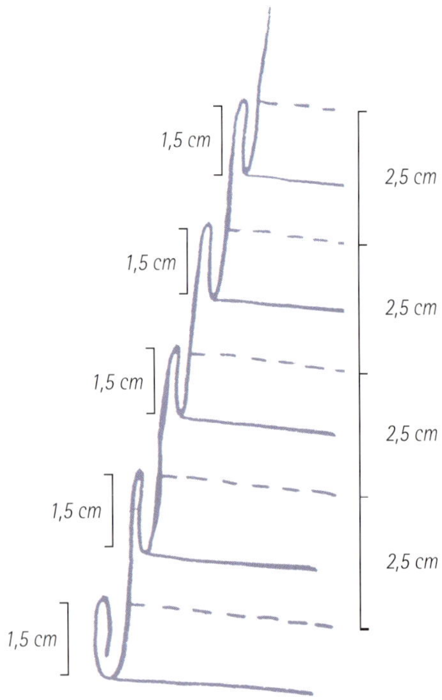

2 Bâtissez les plis puis cousez. Ourlez le bas de la robe.

3 Agrandissez le patron à la taille souhaitée et découpez-le. Pliez chaque rectangle d'organdi en deux et reportez dessus le patron. Découpez avec des ciseaux. Assemblez l'avant et l'arrière par une couture de 0,5 cm aux épaules. Commencez par bâtir un petit rentré (0,4 cm environ) à l'encolure avant de coudre.

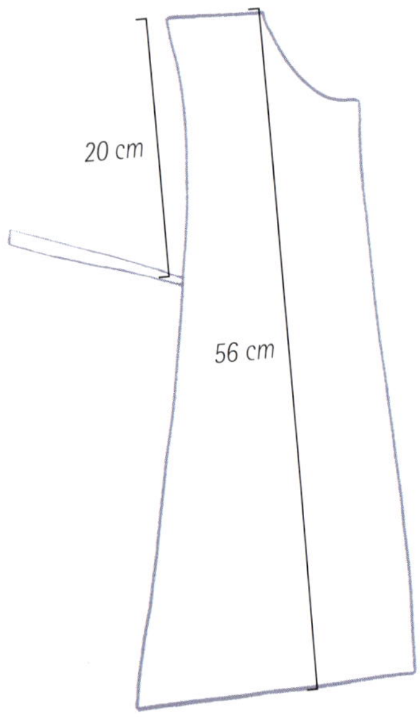

4 Découpez dans l'organdi deux bandes de 6 x 50 cm. Repliez chacune des bandes en quatre de manière à ce que leur largeur soit de 1,5 cm. Bâtissez puis cousez sur les bords.

5 Faites des ourlets de 0,5 cm sur les côtés de la robe. Insérez les liens de chaque côté dans l'ourlet à 20 cm de l'épaule.

6 Lavez soigneusement la petite robe pour effacer les traits de crayon et repassez-la.
Cette robe, réalisée en organdi, est très transparente : habillez l'enfant avec un tee-shirt et un petit caleçon avant de la lui enfiler.

Tee-shirt de cérémonie

Les amoureux qui s'bécottent sur les bancs publics,
Bancs publics, bancs publics,
En s'disant des « Je t'aime » pathétiques
Ont des p'tites gueules bien sympathiques.

Georges Brassens (1921-1981), *Les Amoureux des bancs publics.*

FOURNITURES

- Tee-shirt blanc
- Coton perlé gris vert
- Coton perlé rouge
- Feuille de papier
- Crayon à papier
- Épingles
- Aiguille

1 Agrandissez les personnages et le cœur à la taille souhaitée et découpez-les. Fixez les patrons sur l'envers du tee-shirt avec des épingles. Avec un crayon à papier, tracez les contours. Retirez les patrons.

2 Avec le coton perlé gris vert, brodez au point avant sur l'envers du tee-shirt en suivant bien le tracé. Essayez de faire des points très réguliers. De la même façon, brodez le cœur avec le coton perlé rouge.

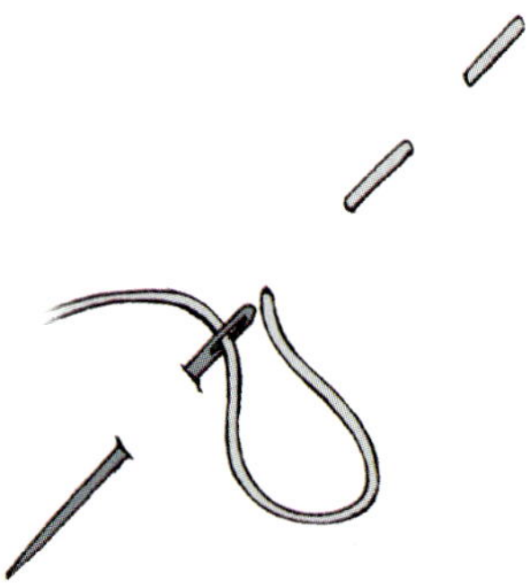

3 Lavez le tee-shirt pour effacer les marques de crayon et repassez-le.

4 Si vous souhaitez donner plus de force au motif, remplissez le cœur de points.
Vous pouvez aussi reprendre le dessin sur des serviettes ou des sets de table, selon votre temps et votre courage...

Patron à agrandir de 80 %

Tee-shirt cœur

Fournitures

- Tee-shirt blanc
- Feuille de plastique
- Épingles ou ruban adhésif
- Rouleau-mousse large
- Peinture rouge pour tissu

1 Glissez à l'intérieur du tee-shirt un morceau de feuille en plastique pour éviter que la peinture ne traverse et ne s'imprime sur le dos.
Fixez le tee-shirt sur votre plan de travail avec des épingles ou de l'adhésif afin qu'il ne bouge pas.

2 Trempez un large rouleau-mousse dans de la peinture rouge pour tissu et tracez un cœur à main levée.
Dessinez-le en une seule fois pour que le trait soit régulier et sans reprise.

3 Laissez sécher. Enlevez la feuille de plastique et repassez pour bien fixer la peinture, en protégeant le fer par un tissu.

Canotier de fête

Fournitures

- Canotier
- Ruban rouge
- Petites perles rouges
- Fil et aiguille

Sur le devant d'un canotier, cousez quelques petites perles rouges de manière à dessiner un cœur. Nouez un ruban rouge tout autour de la base du chapeau.

Tee-shirts Love

FOURNITURES

- 4 tee-shirts
- Venilia adhésif
- Crayon
- Cutter

Agrandissez les lettres à la photocopieuse. Découpez-les. Placez les gabarits sur le Venilia. Tracez le contour d'une lettre et découpez-la soigneusement. Collez-la sur le tee-shirt. Réalisez ainsi un tee-shirt par lettre.

LOVE

AMOUR

LIEBE

Des enfants à croquer

Je suis à toi je suis à toi seule J'adore
La trace de tes pas le creux où tu te mis
Ta pantoufle perdue ou ton mouchoir Va dors
Dors mon enfant craintif Je veille c'est promis

Louis Aragon (1897-1982), « Le Temps des mots croisés », *Le Crève-cœur.*

Espadrilles perlées

FOURNITURES

- Espadrilles blanches
- Petites perles blanches et transparentes
- Fil et aiguille

1 Cousez solidement des perles sur tout l'avant de l'espadrille. Alternez perles blanches et perles transparentes. Espacez-les suffisamment.
Ne cousez pas les perles une par une en faisant un nœud à chaque fois. Cela serait trop fastidieux. Reliez les perles par un seul fil. Ainsi vous n'aurez qu'un seul nœud à faire.

2 Prenez une deuxième longueur de fil et cousez une petite bande de perles sur le coup de pied.
Vous pouvez aussi coudre les perles de manière à dessiner un motif simple, comme un cœur.

Chaussons à pompon

FOURNITURES

- Chaussons blancs
- Carton
- Coton blanc
- Fil et aiguille

1 Dans un morceau de carton, découpez un rond et évidez-le en son centre. Entourez le carton avec le coton blanc. Lorsque toute la surface est bien recouverte, faites un nœud. Coupez le coton tout autour de la tranche du carton et faites un nœud bien serré pour maintenir le pompon au centre.

2 Cousez le pompon par un petit point solide à l'arrière du chausson. Faites de même pour l'autre pied.

Baskets à paillettes

FOURNITURES

- Baskets blanches
- Paillettes et petites perles
- Fil et aiguille
- Ruban

Cousez solidement des paillettes en les maintenant avec une perle sur les côtés de chaque basket (voir page 34). Remplacez les lacets par des rubans de couleurs pastel.

Baskets coup de cœur

FOURNITURES

- Baskets noires
- Toile thermocollante blanche

Dans la toile thermocollante, découpez deux cœurs. Puis, avec un fer à repasser, collez-les sur les côtés externes des baskets. Attention à ne pas faire fondre les parties en caoutchouc des baskets avec le fer.

BENSIMON

Broche perles

FOURNITURES

- Épingle de nourrice
- Perles et boutons

Piquez l'épingle de nourrice de l'envers du tissu vers l'endroit. Enfilez quelques perles puis repiquez l'épingle dans le vêtement et fermez-la.
Vous pouvez réaliser ainsi des broches très différentes les unes des autres en jouant sur les perles, leur taille, leur forme et leur couleur, mais aussi en variant les tailles des épingles de nourrice.

Sabots brodés

FOURNITURES

- Sabots blancs à dessus troué
- Coton perlé vert
- Aiguille

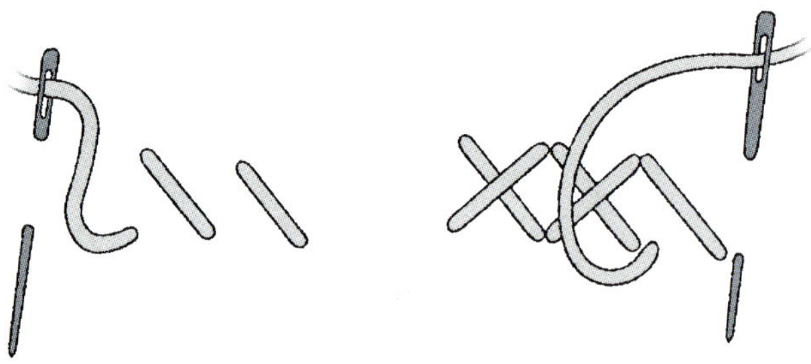

En vous aidant des trous préexistants, brodez au point de croix le motif vert sur l'avant du sabot. Ajoutez une étoile vert pâle au centre, puis quelques étoiles de part et d'autre du motif central, en respectant la symétrie.

Pendentifs perles

FOURNITURES

- Perles blanches, transparentes et nacrées
- Fil de fer
- Lacet en plastique

Enfilez des perles sur un morceau de fil de fer suffisamment souple pour pouvoir être recourbé facilement, mais suffisamment rigide pour ne pas se déformer au cours de la journée. Donnez-lui la forme d'un cœur et accrochez-le au lacet par un nœud tête d'alouette (voir p. 44).

Bracelet cœurs

FOURNITURES

- Ruban cœurs

Voici un bracelet très facile à réaliser ! Il vous suffit de nouer autour du poignet de l'enfant un ruban cœurs. Vous pouvez, bien sûr, utiliser d'autres types de ruban et même superposer différents rubans les uns sur les autres en jouant avec les motifs et les couleurs.

Couronne fleurie

FOURNITURES

- Cure-pipe blanc

Prenez environ 1 mètre de cure-pipe blanc (selon la taille de la tête de l'enfant). Aucune couture n'est nécessaire. Entortillez chaque extrémité de façon à former une fleur : procédez par petites boucles successives en repassant à chaque fois par le centre de la fleur. Réalisez ainsi quatre pétales. Faites une autre fleur de la même façon à l'autre extrémité du cure-pipe. Formez un cercle d'environ 20 cm de diamètre et ajustez la couronne sur la tête de l'enfant.

Aumônières de charme

Il faut que tu saches
J'irai chercher ton cœur si tu l'emportes ailleurs
Même si dans tes danses d'autres dansent tes heures
J'irai chercher ton âme dans les froids dans les flammes
Je te jetterai des sorts pour que tu m'aimes encore

Jean-Jacques Goldman (né en 1951), *Pour que tu m'aimes encore.*

Fournitures

- Organdi de couleur
- Ciseaux
- Compas
- Mètre ruban
- Fil assorti à l'organdi et aiguille
- Épingles
- 8 œillets de 3,5 mm de diamètre
- Pince à œillets
- 1,20 m de ruban assorti à l'organdi

■ **1** Avec des ciseaux, coupez dans la pièce d'organdi un rond de 20 cm de diamètre et un rectangle de 60 x 30 cm.

■ **2** Assemblez les deux petits côtés du rectangle par une couture à 0,5 cm des bords. Aplatissez bien la couture avec un fer à repasser.

■ **3** Mettez le rectangle à l'envers et assemblez-le avec le rond d'organdi : maintenez-les ensemble à l'aide d'épingles. Faites un bâti puis cousez à 0,5 cm des bords.

■ **4** Faites un petit rentré de 1 cm en haut de l'aumônière, puis repliez 5 cm de tissu en haut et marquez bien le pli avec un fer.
Bâtissez puis cousez.

■ **5** Avec la pince à œillets, posez, sur le petit rentré de 1 cm, un œillet tous les 8 cm.
Mettez l'aumônière à l'endroit et passez dans les œillets un ruban de couleur assortie à l'organdi.
Repassez soigneusement l'aumonière.

■ **6** Le grand jour, remplissez chaque aumônière de pétales de roses. Veillez à harmoniser la couleur des pétales avec la couleur de l'organdi.
Ne mettez pas de riz dans ce type d'aumônière, le fond risquerait de bomber sous le poids. Préférez alors les modèles expliqués p. 60-61.

Aumônière plate

FOURNITURES

- Organdi de couleur
- Ciseaux
- Règle
- Fil et aiguille

1 Avec les ciseaux, découpez dans la pièce d'organdi un rectangle de 48 x 24 cm. Pliez le rectangle obtenu en deux et cousez chaque côté à 0,5 cm des bords.

2 Découpez dans le même tissu une bande de 8 x 92 cm pour la bandoulière. Repliez 1 cm de tissu vers l'intérieur de chaque côté de la bande, dans le sens de la longueur. Aplatissez au fer à repasser. Pliez la bande en deux, toujours dans le sens de la longueur. Vous obtenez ainsi une bande de 3 cm de large.
Marquez le pli au fer à repasser.
Piquez le long des deux bords.

3 Mettez l'aumônière sur l'envers et faites un rentré de 1 cm. Cousez-le en prenant la bandoulière, à gauche et à droite, dans la couture.

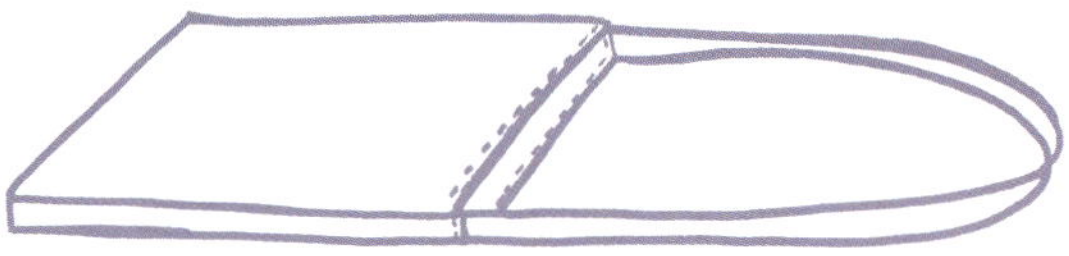

Aumônière au crochet

FOURNITURES

- Coton à tricoter naturel
- Crochet de 3,5
- Fil et aiguille

Ici, vous devez savoir monter une chaînette et travailler en demi-bride.

1 Montez une chaînette de 20 mailles. Puis travaillez en demi-bride sur 35 cm. Fermez votre travail. Pliez en deux le rectangle ainsi réalisé et fermez les deux côtés par une couture.

2 Montez une chaînette de 80 cm de long pour la bandoulière. Fixez-la de chaque côté de l'aumônière.

3 Montez 6 mailles de chaînette et fermez (voici le cœur de la fleur). Réalisez 6 mailles de chaînette en l'air et repiquez dans la première maille pour fermer le pétale. Réalisez ainsi les six pétales. Faites un rang de mailles serrées autour de chaque pétale. Faites une autre fleur de la même manière.

4 Faites une chaînette de 45 cm de long. Passez-la dans l'aumônière à 4 cm du bord supérieur. Puis cousez une fleur à chaque extrémité.

Aumônière bulle

FOURNITURES

- Enveloppe de papier bulle
- Perles transparentes
- 2 œillets de 7 mm de diamètre
- Pince à œillets
- Ciseaux
- 50 cm de fil de fer fin

1 Coupez le rebord de l'enveloppe de papier bulle avec des ciseaux pour obtenir un simple sachet. Avec la pince à œillets, posez un œillet de chaque côté à 1 cm du bord supérieur.

2 Enfilez une perle sur le fil de fer fin. Entortillez le fil de fer sur lui-même de manière à bloquer la perle. Passez le fil de fer dans un des œillets en plaçant la perle à l'intérieur du sac. Cette perle servira à maintenir l'anse. Enfilez des perles sur le reste du fil de fer. Choisissez des perles de formes et de tailles diverses.

3 Passez l'extrémité du fil de fer dans l'autre œillet puis enfilez une dernière perle à l'intérieur du sac. Entortillez le fil de fer sur lui-même comme précédemment.

Aumônière cœur

FOURNITURES

- Feutrine blanche
- Épingles
- Ciseaux
- Fil et aiguille

1 Agrandissez le cœur à la taille souhaitée et découpez-le avec des ciseaux. Fixez-le avec des épingles sur la feutrine pliée en deux. Découpez. Préparez également deux bandes de feutrine de 0,2 x 1 m.

2 Posez les deux cœurs l'un sur l'autre. Bâtissez-les ensemble à 1 cm du bord. Posez les deux bandes de feutrine sur le cœur en les faisant se chevaucher sur la pointe. Cousez ensemble les trois épaisseurs. Commencez la couture au niveau de la pointe et remontez vers les bords. Cousez enfin le deuxième côté, toujours en commençant par la pointe. Nouez les deux bandes de façon à obtenir une bandoulière.

Patron à agrandir de 230 %.

La maison en fête

Portail d'apparat

FOURNITURES

- 2 grands pots de fleurs en terre
- Peinture blanche acrylique et pinceau
- 2 grands tuteurs en bambou
- Tissu, ruban, papier crépon...

1 Peignez en blanc deux pots de fleurs ainsi que deux grands tuteurs en bambou. Retournez les pots et insérez les tuteurs dans le trou central.

2 Préparez de longues bandes de tissu, de papier crépon ou de ruban... Attachez-les par de simples nœuds à chacun des tuteurs. Ne les tendez pas trop et laissez suffisamment de tissu (ou de papier) flotter aux extrémités.

3 Sous le portail, vous pouvez indiquer le chemin qu'emprunteront les mariés et leurs invités en disposant des feuilles de toutes sortes.

Portique fleuri

FOURNITURES

- Tuteurs
- Fil de fer
- Plantes grimpantes (lierre, houblon...)

Voici une façon d'adapter plus simplement l'idée du portail. Prenez trois tuteurs et assemblez-les, avec le fil de fer, de manière à former un portique. Choisissez les tuteurs en fonction de la taille que vous voulez donner à votre portique.
Enroulez des végétaux sur cette structure. Veillez à bien recouvrir les jointures pour masquer les attaches en fil de fer.

Ballon cœur

Fournitures
- Ballon de baudruche en forme de cœur
- Tuteur en bois
- Peinture blanche acrylique et pinceau
- Ruban

Gonflez un ballon en forme de cœur. Fermez-le par un nœud. Attachez-le avec un joli ruban sur un tuteur en bois préalablement peint en blanc. Masquez le nœud du ballon avec le ruban. Réalisez ainsi plusieurs ballons et plantez-les dans le jardin, le long de l'entrée, pour indiquer le chemin. Vous pouvez également prendre des ballons ronds et faire des dessins dessus, écrire les prénoms des mariés...

Farandole de pots

Fournitures
- Petits pots d'herbe à chat
- Plissé de fleuriste blanc
- Éprouvettes en verre
- Fleurs

1 Commencez par habiller les petits pots d'herbe à chat avec un plissé de fleuriste blanc. Recoupez-le à la bonne hauteur si nécessaire.
Préparez ainsi suffisamment de pots pour décorer votre chemin d'entrée.

2 Plantez au milieu de chaque petit pot une éprouvette en verre remplie d'eau. Enfoncez-la bien pour qu'elle soit invisible. Placez dedans une jolie fleur.
Vous pourrez ainsi préparer vos petits pots à l'avance...

Fenêtres en habit

L'accordéon les fait danser
Et puis la bière les fait chanter
Et quand la fête
Tourne les têtes
On en voit deux se marier.

Jacques Demarny (né en 1940) et **Enrico Macias** (né en 1938), *Les Gens du Nord.*

Fournitures

- Feuille de Venilia
- Colle blanche
- Feuille de papier calque
- Crayon à papier
- Cutter
- Règle
- Papier de soie de différentes couleurs
- Ciseaux
- Peinture blanche et pinceau
- Mètre
- Ficelle fine
- Grande aiguille
- Boules de cotillon de trois tailles (20 mm, 25 mm, 40 mm)
- Tube de colle avec un embout pointu
- Gommettes rondes

1 Avec de la colle blanche, collez ensemble deux feuilles de Venilia. À l'aide d'une feuille de papier calque, reportez le motif du pochoir sur le Venilia. Évidez les parties à peindre avec un cutter.

Motif à agrandir de 20 %.

2 Découpez avec les ciseaux des bandes de papier de soie de 11 x 25 cm. Puis imprimez sur chacune d'elles deux fleurs avec le pochoir. Tenez le pinceau verticalement et tapotez la peinture blanche.

3 Mesurez la hauteur totale de votre rideau. Ajoutez 10 cm pour l'attacher et coupez un morceau de ficelle à cette dimension. Installez-vous bien à plat sur une table. Enfilez sur cette ficelle, en vous aidant de l'aiguille, une douzaine de boules de cotillon. Alternez les tailles, selon votre fantaisie. Évitez trop de régularité. Disposez les boules en laissant des emplacements (3 par ficelle) suffisamment grands pour pouvoir insérer les bandes de papier de soie décorées au pochoir. Maintenez les boules en place avec un petit point de colle.

4 Fixez les bandes de papier de soie sur la ficelle à l'aide de gommettes rondes que vous collez sur le cœur des fleurs. Préparez autant de ficelles que nécessaire pour couvrir la fenêtre à laquelle vous destinez ce rideau.

Variante

Vous pouvez facilement adapter cette idée pour faire des guirlandes aériennes.

Rideau aux colombes

FOURNITURES

- Organdi blanc
- Toile thermocollante
- Crayon à papier
- Ciseaux
- Crayon
- Fil et aiguille

1 Choisissez la fenêtre ou la porte que vous désirez décorer. Prenez soigneusement les mesures en rajoutant 1 cm pour les ourlets. Découpez une pièce d'organdi à ces dimensions. Faites un ourlet de 1 cm tout autour de votre rideau.

2 Découpez deux colombes et un cœur dans la toile thermocollante.

3 Repérez sur votre rideau l'emplacement des éléments.
Puis avec un fer à repasser, appliquez sur l'organdi une colombe puis le cœur et enfin la seconde colombe.

4 Vous pouvez suspendre votre rideau de plusieurs façons. Le plus simple est de faire un petit rentré en haut du tissu sans le coudre aux extrémités afin de pouvoir enfiler une tringle à rideau.
Vous pouvez aussi coudre des petits rubans que vous nouerez ensuite simplement sur une tringle.

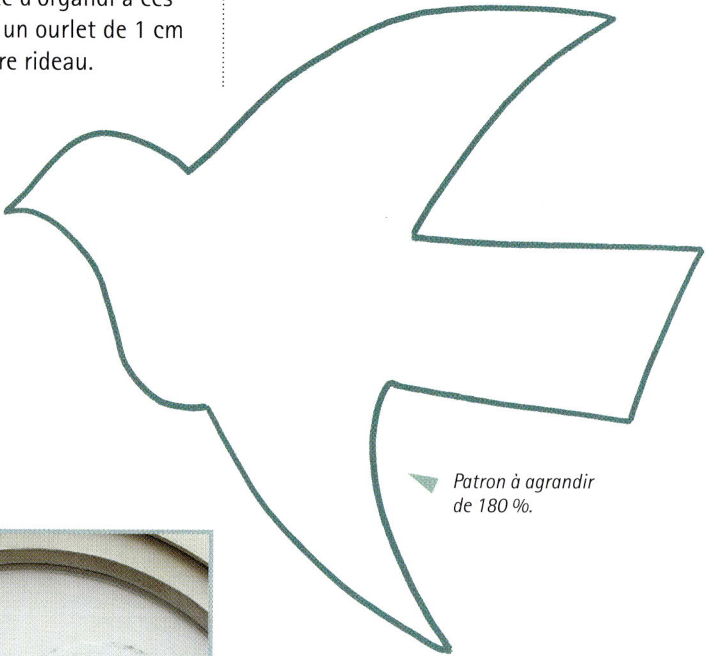

Patron à agrandir de 180 %.

Vitrail

FOURNITURES

- Blanc d'Espagne
- Chiffon
- Pinceau

1 Délayez le blanc d'Espagne avec un peu d'eau de manière à ce qu'il reste suffisamment épais (plus le mélange est épais, plus il est opaque). Dessinez un cœur puis recouvrez le reste de votre fenêtre.

2 De la même façon, vous pouvez recouvrir toute la fenêtre de blanc d'Espagne et le laisser sécher. Ensuite, il vous faudra essuyer la fenêtre avec un chiffon de façon à dessiner un cœur.
Vous pouvez aussi, tout simplement, dessiner un cœur ou des initiales avec un pinceau enduit de blanc d'Espagne, à la manière d'un graffiti.

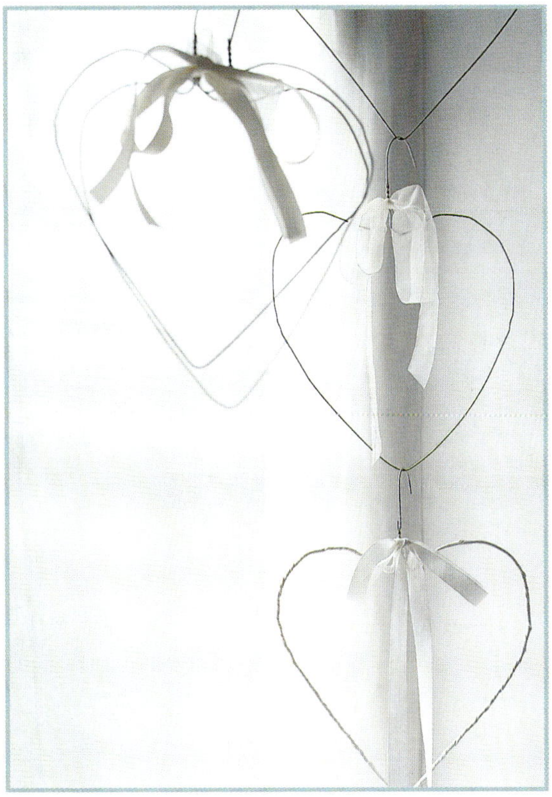

Cœur de cintre

Fournitures

- Cintres de teinturier en métal
- Rubans

1 Tordez chaque cintre de manière à obtenir un cœur : tirez la base du cintre pour former la pointe du cœur, puis arrondissez bien chaque côté. Cela demande un peu de force.

2 Enroulez des rubans sur votre cœur. Faites des nœuds. Si vous le souhaitez, ajoutez quelques végétaux aux rubans, du lierre par exemple. Réalisez plusieurs cintres et suspendez-les les uns aux autres devant une fenêtre de façon à créer une sorte de mobile.

Cœur de buis

Fournitures

- Résille plastique (type pour garde-manger, en vente dans les jardineries)
- Papier blanc
- Crayon
- Papier siliconé
- Pistolet à colle
- Buis
- Épingles

1 En vous inspirant de l'alphabet p. 98, dessinez les initiales des mariés sur une feuille blanche et agrandissez-les à la taille désirée. Sur notre modèle, les lettres font 24 cm de haut.

2 Posez la feuille de papier sur votre plan de travail et placez par-dessus la résille plastique. Vous devez voir les lettres par transparence. Pour éviter que le papier ne colle à la résille, glissez entre ces deux épaisseurs une feuille de papier siliconé. En suivant bien le tracé des lettres, collez les feuilles de buis, une par une.

3 Suspendez le rideau devant une fenêtre et réalisez le cœur. Maintenez des petits rameaux de buis sur la résille avec des épingles. Les épingles sont petites et ne seront pas visibles. Le buis est idéal pour cette création car il fane très lentement.

La tente-parasol

Baise m'encor, rebaise-moi et baise :
Donne m'en un de tes plus savoureux,
Donne m'en un de tes plus amoureux :
Je t'en rendrai quatre plus chauds que braise.

Louise Labé (v. 1524-1566), « XVII », *Vingt-trois sonnets.*

FOURNITURES

- Parasol blanc
- Organdi
- Mètre ruban
- Ciseaux
- Fil et aiguille
- Ruban sergé
- Anneaux
- Œillet de 1 cm de diamètre
- Pince à œillets

1 Mesurez les triangles qui composent votre parasol et ajoutez 16 cm dans le bas. Dessinez le modèle et découpez-le dans du papier. Reportez ce gabarit sur le tulle autant de fois que de triangles dans votre parasol. Découpez les triangles.

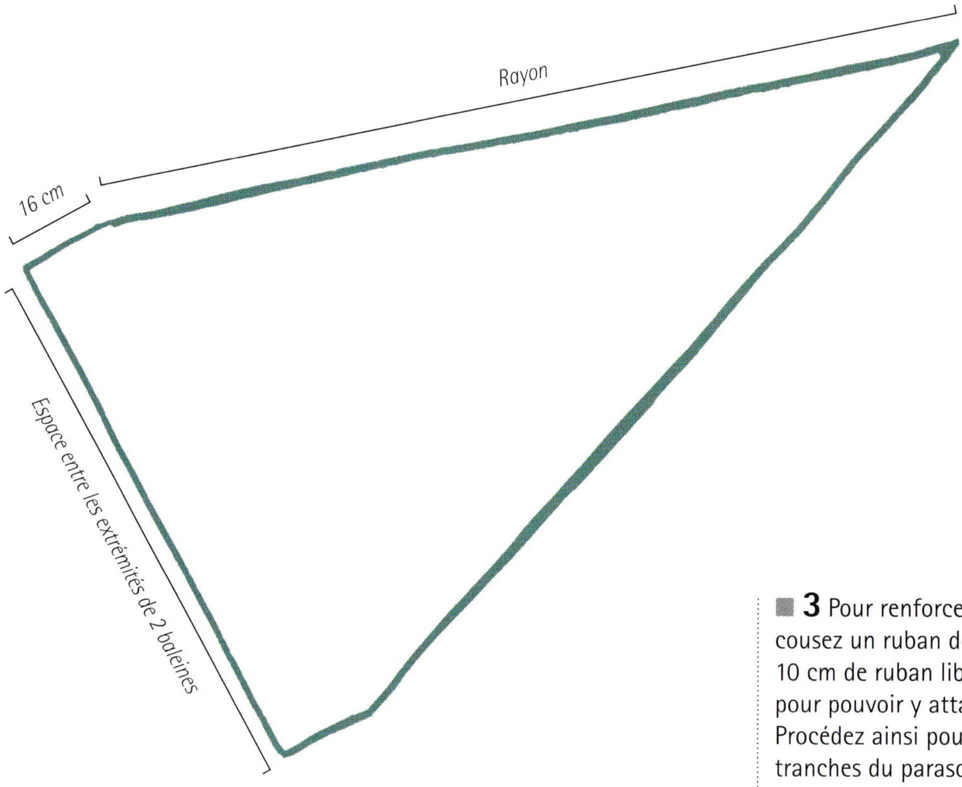

■ 3 Pour renforcer les coutures, cousez un ruban dessus en laissant 10 cm de ruban libre à l'extrémité pour pouvoir y attacher un anneau. Procédez ainsi pour chacune des tranches du parasol d'organdi.

■ 2 Placez les pièces ainsi obtenues les unes à côté des autres et cousez-les ensemble à 0,5 cm des bords. Aplatissez bien la couture au fer.

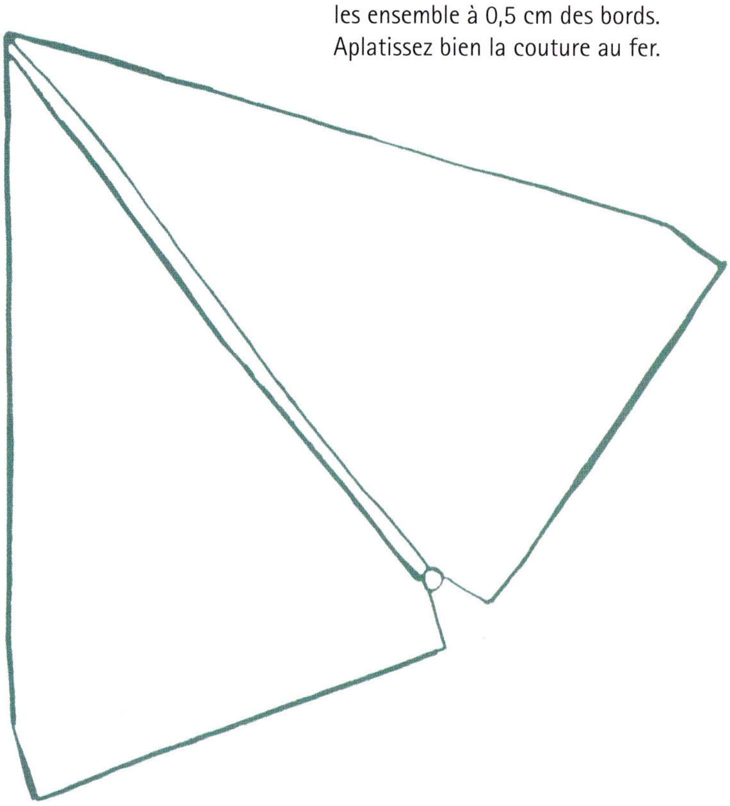

■ 4 Faites un petit ourlet de 1 cm sur le bas des triangles. Repliez les rubans en enfermant les anneaux dedans.

5 Coupez sur 1 cm les pointes de tous les triangles pour réaliser le trou central. Sur l'envers (partie interne du parasol), cousez très solidement une pièce de tissu ronde de 7 cm de diamètre. Avec une pince à œillet, posez au milieu un œillet de 1 cm de diamètre.

6 Mesurez la hauteur entre le sol et l'extrémité des baleines du parasol, ainsi que la largeur entre deux baleines. Ajoutez 1 cm tout autour pour les ourlets. Coupez ces pans dans l'organdi. Faites un ourlet tout autour. Comme pour les triangles, renforcez l'ourlet du haut en cousant un ruban dessus.
Posez un anneau à chaque extrémité pris dans l'ourlet avec le ruban. Procédez comme précédemment.

7 Si vous souhaitez une tente plus sophistiquée, travaillez davantage le décor de l'organdi : peignez des rayures ou tout autre motif ; collez un cœur et des colombes en thermocollant (voir p. 70) ; fixez de petites feuilles de buis pour former l'anagramme des mariés (voir p. 71) ; épinglez des fleurs fraîches au dernier moment... En un mot, laissez libre cours à votre imagination.

Jeux de lumières

Ils marchaient, suivant le premier trottoir venu. Un petit nuage rose descendait de l'air et s'approcha d'eux.

Boris Vian (1920-1959), *L'Écume des jours.*

Fournitures

- Papier fort
- Crayon à papier
- Ciseaux
- Polyphane
- Guirlande électrique de jardin avec des petites ampoules rondes

1 Reproduisez le gabarit du cœur sur un morceau de papier fort et découpez-le. Vous pouvez adapter ses dimensions en fonction de votre guirlande.
Collez deux feuilles de polyphane ensemble. Tracez dessus le contour du gabarit avec un crayon à papier.

2 Découpez le polyphane. Coupez le haut du cœur et évidez le rond central comme indiqué sur le gabarit. Vous pourrez ainsi insérer l'ampoule.

3 Déroulez la guirlande électrique. Passez un cœur de polyphane autour de chaque ampoule.

Variante

Vous pouvez utiliser des ciseaux cranteurs pour varier la forme de la découpe.

Photophores en conserve

FOURNITURES

- Boîtes de conserve
- Feutre
- Perceuse
- Morceau de bois
- Peinture blanche et pinceau
- Fil de fer fin
- Bougies chauffe-plat

1 Nettoyez soigneusement les boîtes de conserve pour retirer toutes les traces d'étiquette et de colle. Avec un feutre, dessinez dessus des motifs simples (cœur) ou des lettres (initiales des mariés).

2 Avec une perceuse, percez le motif, ou la lettre. Espacez suffisamment les trous pour qu'ils ne se rejoignent pas. Pour éviter que les parois de la boîte ne se déforment, placez une cale en bois à l'intérieur pendant ce travail.

3 Peignez l'extérieur de la boîte en blanc. Placez une bougie à l'intérieur du photophore et posez-le sur une table ou sur le sol. Si vous souhaitez le suspendre, réalisez une anse avec du fil de fer fin : percez deux trous de part et d'autre de la boîte et passez un fil de fer dedans. Vous pouvez ensuite attacher plusieurs photophores ensemble avec un même fil de fer.

Photophores en tarlatane

FOURNITURES

- Carte à abat-jour
- Tarlatane
- Cutter
- Crayon à papier
- Bougies chauffe-plat

1 Découpez dans la carte à abat-jour un rectangle de 30 x 15 cm. Dessinez, au milieu du rectangle et sur le côté pelliculé, un cœur de 10 cm de haut. Évidez ce cœur avec un cutter.

2 Retirez la pellicule protectrice de la carte à abat-jour en laissant une bande pelliculée de 2 cm sur une des largeurs. Collez un morceau de tarlatane sur toute la surface. Égalisez soigneusement sur les bords.

3 Retirez la dernière bande de pellicule protectrice. Arrondissez le photophore et collez les deux extrémités l'une sur l'autre. Placez une bougie dans un récipient en verre à l'intérieur du photophore. Procédez de la même façon pour réaliser des photophores de différentes tailles. Ici, les deux autres rectangles de départ mesurent 41 x 27 cm et 50 x 33 cm.

Photophores Love

FOURNITURES

- Carte à abat-jour
- Papier de soie ivoire
- Cutter
- Bougies chauffe-plat

1 Découpez un rectangle de 25 x 14 cm dans la carte à abat-jour. Retirez la pellicule protectrice en laissant une bande pelliculée de 1,5 cm sur une des largeurs. Collez une feuille de papier de soie sur toute la surface de la carte à abat-jour. Égalisez soigneusement sur les bords.

2 À 6 cm des bords supérieur et inférieur, et bien au milieu du rectangle, découpez la forme de la lettre au cutter.

3 Retirez la dernière bande de pellicule protectrice. Arrondissez le photophore et collez les deux extrémités l'une sur l'autre. Placez une bougie chauffe-plat, dans un récipient en verre, à l'intérieur du photophore.

4 En procédant de la même façon, réalisez trois autres photophores de mêmes dimensions pour les autres lettres du mot LOVE.

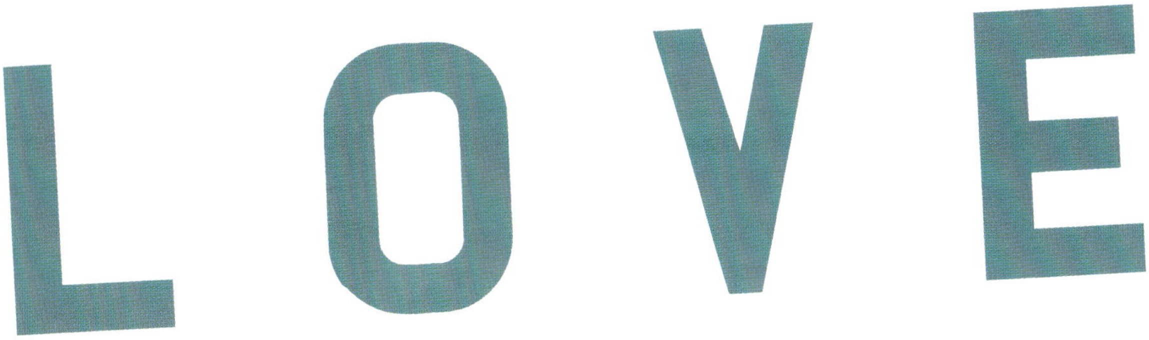

Photophores en verre

FOURNITURES

- Pots en verre
- Petites perles transparentes
- Glue forte spéciale verre
- Pistolet à colle
- Bougies chauffe-plat

Récupérez des pots en verre de tailles et de formes variées : pots de confiture, pots de yaourt, bocaux... Nettoyez-les soigneusement pour enlever toutes les traces d'étiquette et de colle. Puis, avec un pistolet à colle et de la glue très forte spéciale verre, collez des perles transparentes sur les bocaux. Avec les perles, tracez des motifs simples. Placez une bougie chauffe-plat à l'intérieur.

Cage cœur

C'est si bon
Quand je la tiens dans mes bras
De me dire que tout ça
C'est à moi pour de bon.

André Hornez (1905-1989), *C'est si bon (interprété par Yves Montand).*

Fournitures

- Grillage (maille 25 hexagonal)
- 8 m de fil de fer de 1,5 mm de diamètre
- Fil de fer fin
- Pince coupante
- Feuille de papier
- Crayon à papier
- Règle

1 Sur une feuille de papier, tracez un cœur de 90 cm de haut et de 80 cm de large. Prenez le fil de fer fin et, en vous aidant de votre dessin, donnez-lui la forme d'un cœur.
Répétez l'opération : il faut deux cœurs, un pour chaque côté de la cage. Maintenez les pointes des cœurs fermées à l'aide d'un morceau de fil de fer fin.

2 Posez un des cœurs sur le grillage déroulé. Avec une pince coupante, coupez tout autour en laissant une marge de la largeur d'une maille. Entortillez sur la forme de cœur les mailles qui dépassent. Procédez de la même façon avec le second cœur.

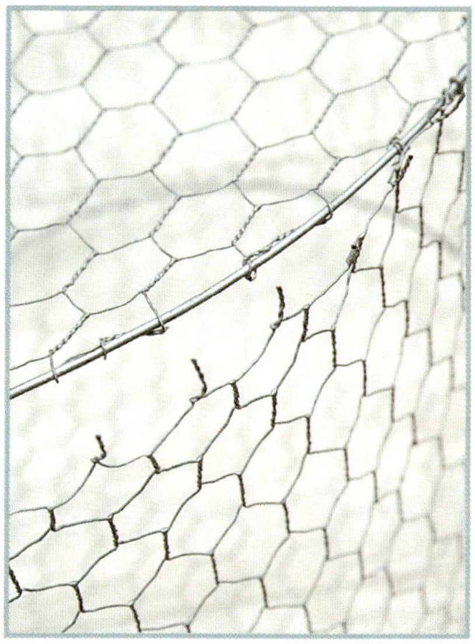

3 Avec la pince, coupez une bande de grillage de 0,35 x 3 m. Utilisez cette bande pour relier les deux cœurs. Ils seront espacés de 3 cm. Entortillez les mailles de la bande sur la structure en fil de fer des cœurs, en terminant par la pointe.

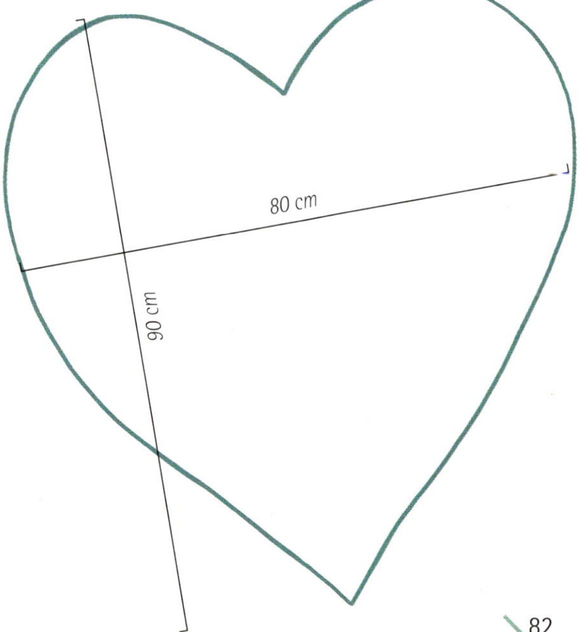

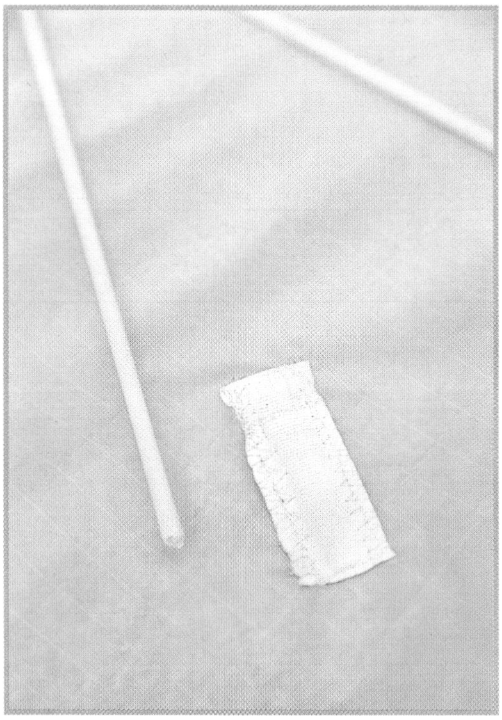

■ **4** Coupez un morceau de ruban de 10 cm de long. Faites un petit rentré d'environ 0,5 cm. Repliez 3,5 cm de ruban sur lui-même et cousez ensemble à 0,5 cm des bords. Réalisez ainsi quatre pochettes.

■ **5** Déterminez les points ABC et D. Le point C est situé au milieu du cœur. Le point A est à 20 cm de C sur l'arc de cercle CX. De même, le point B est à 20 cm de C sur l'arc de cercle CY. Enfin, le point D est situé à la pointe du cœur, à la verticale de C.
Cousez les pochettes sur la toile de spi en A, B, C et D.

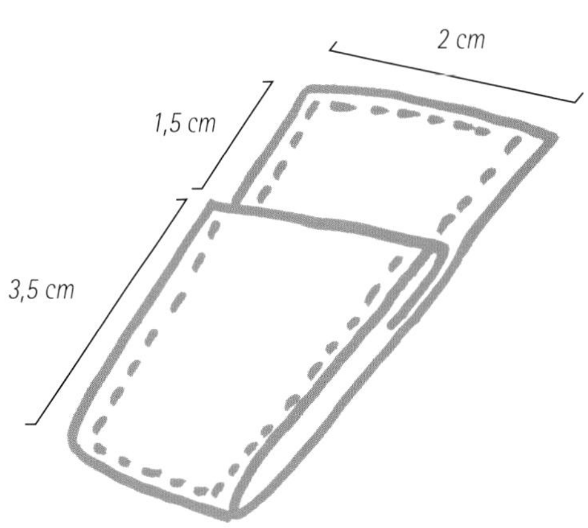

■ **6** Retournez votre cerf-volant et cousez un petit anneau en C et un autre en D.

■ **7** Mettez en place les tiges en fibre de verre. Glissez une première tige dans le gousset gauche du cœur. Poussez-la bien au fond du gousset en X. L'autre extrémité viendra se loger en B. Procédez de la même façon pour le côté droit du cœur. Insérez une tige entre Y et A. Ces deux tiges se croisent au niveau du point C.
Passez une troisième tige de fibre de verre entre les points D et C. Enfilez-la dans les petites pochettes. Attendez le dernier moment pour couper les tiges et tendez-les au maximum.

■ **8** Pour la queue du cerf-volant, accrochez une longue ficelle de nylon (au moins 1 mètre) à l'anneau D. Coupez quatre rectangles de toile de spi de 20 x 4 cm. Accrochez-les sur la queue du cerf-volant.

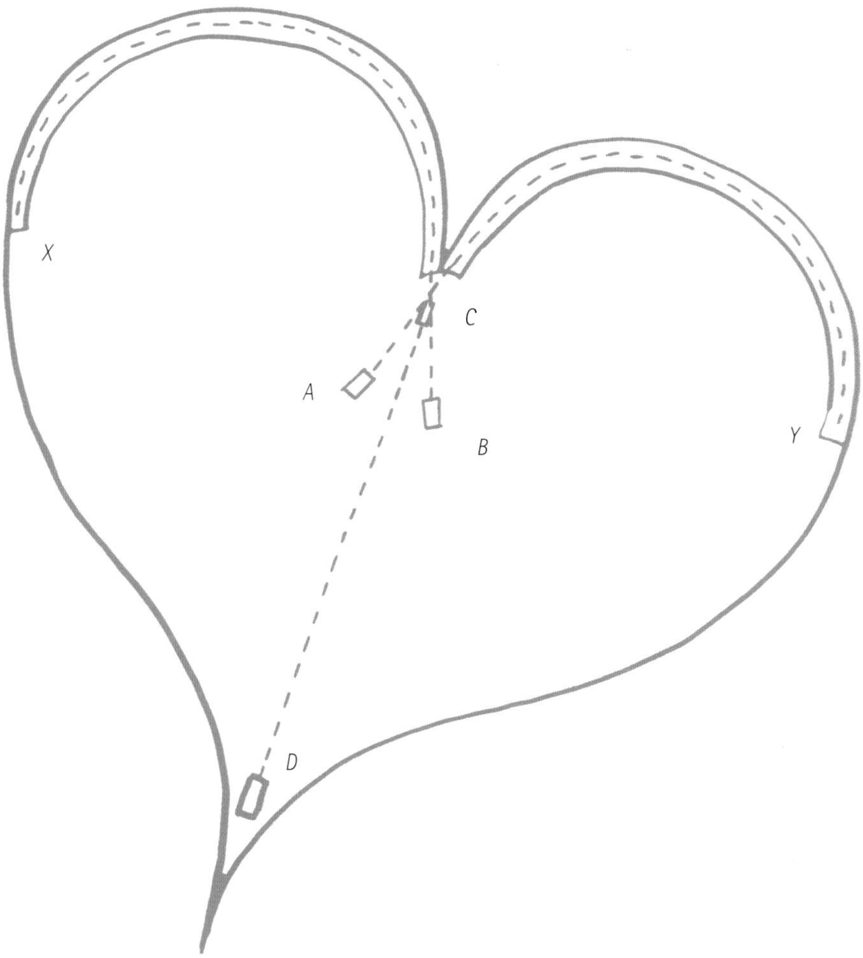

■ **9** Coupez un morceau de ficelle de nylon de 1,20 m et attachez-la aux anneaux C et D. Ajoutez sur cette ficelle un troisième anneau. Faites-le tenir par un nœud tête d'alouette (voir p. 44). Il vous permettra d'équilibrer le cerf-volant en vol. Accrochez le fil de pilotage au troisième anneau. N'hésitez pas à prendre une très grande longueur. Enroulez l'extrémité autour d'un petit morceau de bois pour éviter que le fil ne s'emmêle.

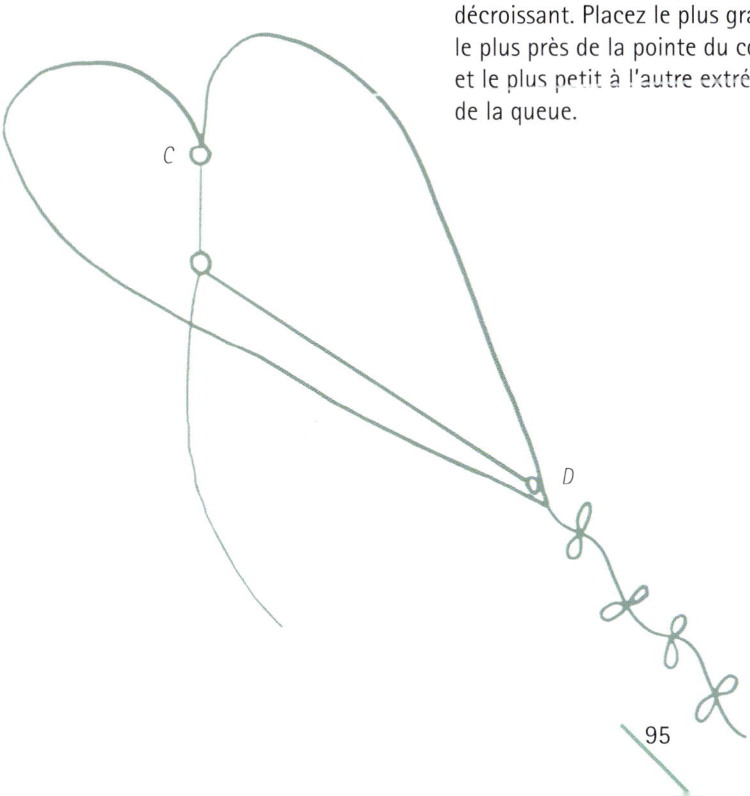

Cœurs

Tracez des cœurs à main levée sur la toile de spi. Découpez-les. Cousez-les sur la queue du cerf-volant par un petit point bien solide. Faites autant de cœurs que nécessaire pour en recouvrir toute la ficelle. Toujours dans la toile de spi, coupez trois longues bandes de 15 cm de large. Cousez-les toutes les trois ensemble sur l'extrémité de la ficelle.

Ronds

Découpez des ronds de diamètres différents dans la toile de spi. Ici, le plus grand rond a un diamètre d'environ 10 cm. Cousez-les sur la queue du cerf-volant par ordre décroissant. Placez le plus grand le plus près de la pointe du cœur et le plus petit à l'autre extrémité de la queue.

La table pour le plaisir

Menu de fête

Amour, amour, quand tu nous tiens
On peut bien dire : adieu prudence !

Jean de La Fontaine (1621-1695), « Le lion amoureux », *Fables.*

Fournitures

- Papier calque fort, format A4
- Papier blanc, format A4
- Crayon
- Cutter et règle

1 Prenez une feuille de papier blanc de format A4 (29,7 x 21 cm) et reproduisez un dessin de couteau et de fourchette aux emplacements indiqués sur le schéma.

2 Sur le manche de la fourchette, en vous aidant de l'alphabet proposé, dessinez le monogramme des mariés.

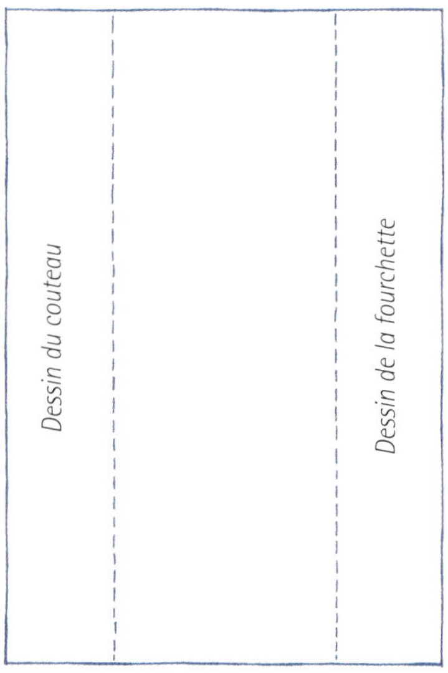

3 Photocopiez la feuille sur du papier calque épais format A4. Faites autant d'exemplaires que nécessaire. Pliez soigneusement les calques suivant les pointillés.

4 Divisez une feuille de papier blanc, format A4, en deux dans le sens de la longueur. En haut d'une moitié, reproduisez le monogramme que vous avez réalisé pour les couverts. Puis inscrivez le menu dessous : écrivez à la main ou utilisez un ordinateur. Photocopiez les menus. Faites deux fois moins d'exemplaires que pour le papier calque (puisque vous avez deux menus par feuille).

5 Coupez vos feuilles le long du tracé et insérez un menu dans chaque enveloppe de papier-calque.

Variante

Marque-place

Découpez dans du papier peint une bande de 21 x 5,5 cm. Aux deux extrémités, dessinez les formes choisies (fleur ou cœur). Coupez les encoches AB et CD. Inscrivez le nom de l'invité sur la bande de papier. Puis mettez en forme en arrondissant le papier. Fermez en insérant les deux encoches l'une dans l'autre. Le motif, fleur ou cœur, est ainsi reconstitué.

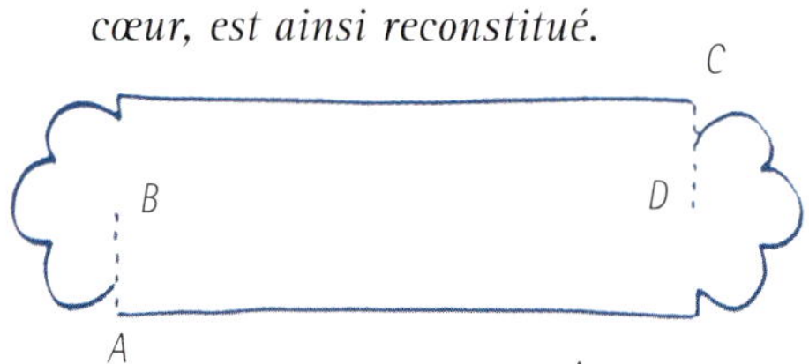

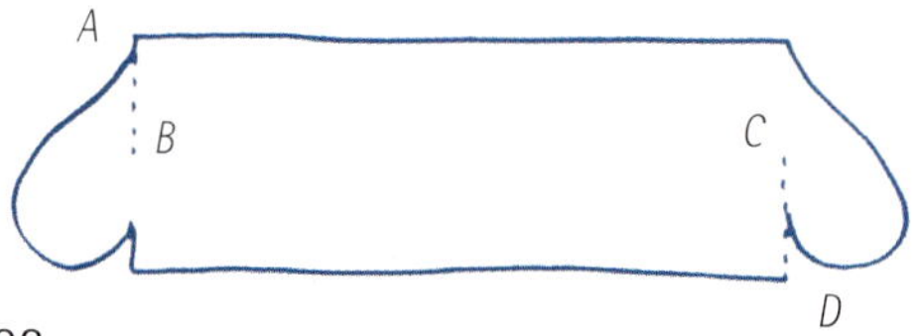

Nappe d'apparat

Insensiblement
Nous nous sommes tous deux laissés prendre,
Insensiblement
Tous mes rêves m'ont parlé de vous.
Nous avons dit des mots tendres et fous.
Nous avons vu naître en nous
Insensiblement, insensiblement l'amour.

Paul Misraki (1908-1998), *Insensiblement (interprété par Ray Ventura).*

Fournitures

- Tissus variés : dentelle, broderie anglaise, guipure...
- Ciseaux
- Mètre ruban
- Fil et aiguille

La nappe expliquée ici mesure 188 x 268 cm. Selon les dimensions de votre table, vous adapterez le nombre et la taille des éléments qui la constituent.

■ **1** Coupez dans vos tissus, 24 carrés de 40 cm de côté. Puis assemblez-les par des coutures de 1 cm de côté.

■ **2** Dans les chutes de tissus, préparez deux bandes de 14 cm de large et de 268 cm de long (la longueur de la nappe).
De la même façon, préparez deux autres bandes correspondant à la largeur de la nappe (160 x 14 cm).

■ **3** Cousez les bandes au rectangle de carrés déjà assemblés. Commencez par les deux largeurs et finissez par les longueurs. Faites un ourlet de 1 cm tout autour de la nappe.
Vous pouvez installer la nappe directement sur la table ou la poser sur un tissu blanc.

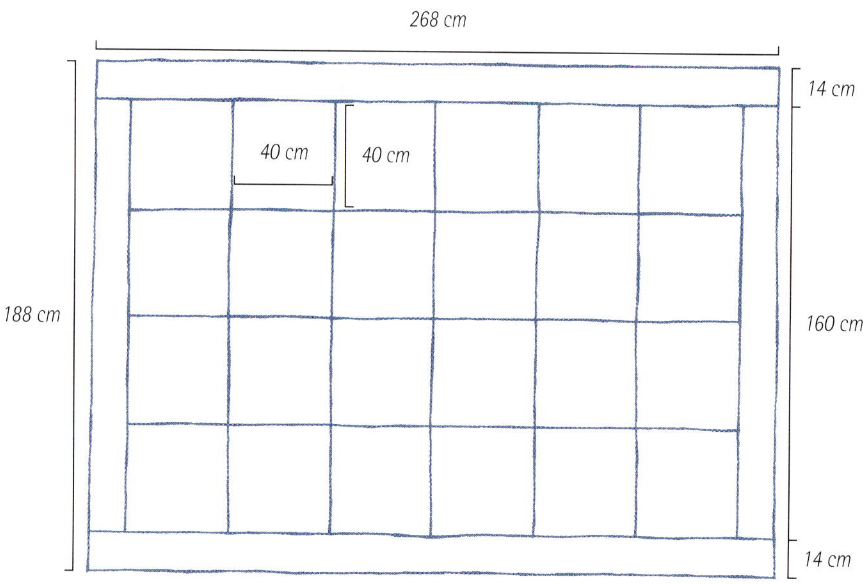

Toile cirée festonnée

FOURNITURES

- Toile cirée blanche
- Crayon
- Emporte-pièce de 10 et 5 mm
- Ciseaux

1 Coupez un morceau de toile cirée à la dimension de votre table. Puis, en vous aidant du schéma, reproduisez le tracé de la découpe sur tout le pourtour de la toile cirée. Figurez les trous par des points.

2 Avec un emporte-pièce de 10 mm, réalisez le cœur des fleurs. Avec un emporte-pièce de 5 mm réalisez les trous des pétales et de la bordure. Enfin, découpez les festons avec les ciseaux.

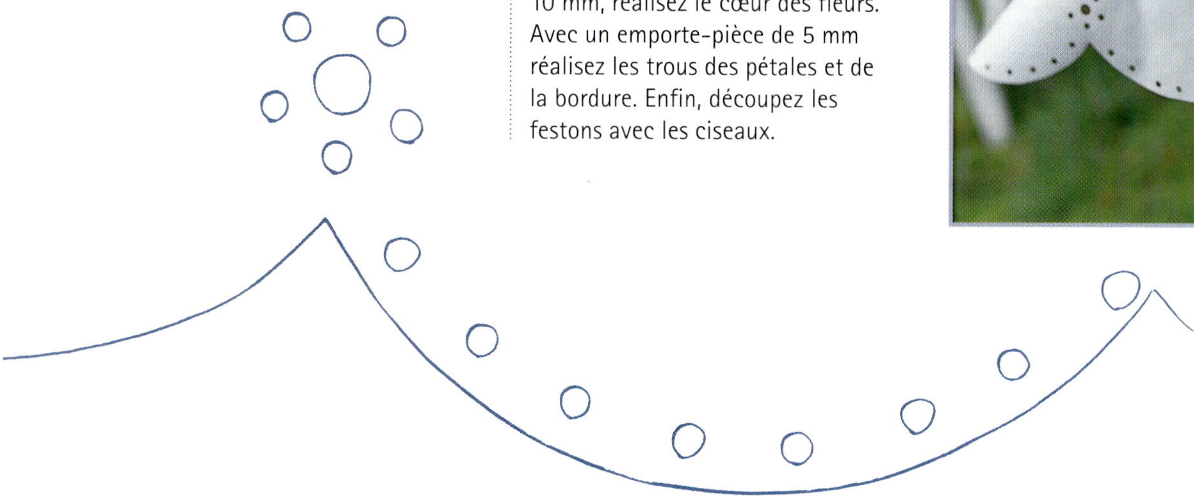

Nappe éphémère

FOURNITURES

- Pièce de non-tissé (ou voile de forçage en vente dans les jardineries)
- Pétales de roses

Coupez une pièce de non-tissé aux dimensions de votre table. Choisissez-la plus ou moins grande selon que vous souhaitez une nappe longue ou courte. Placez-la sur votre table et répartissez dessus des pétales de roses. Vous pouvez choisir d'autres fleurs et ajouter quelques feuilles.
Par-dessus, placez une autre pièce de non-tissé aux même dimensions que la première. Vous n'avez aucune couture à faire.

Nappe cœur

Fournitures

- Nappe en coton
- Toile thermocollante
- Ciseaux

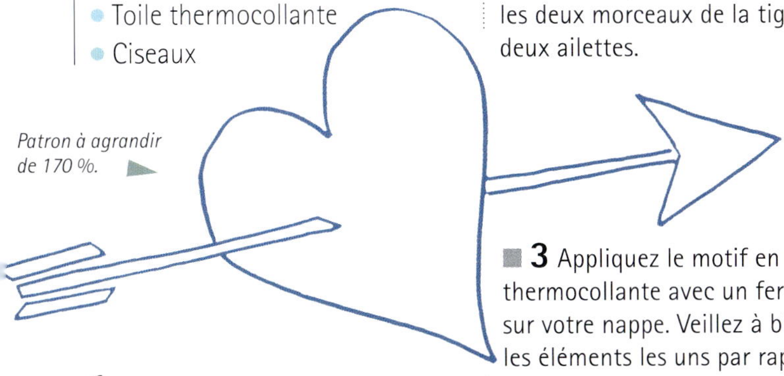

Patron à agrandir de 170 %.

1 Agrandissez le dessin du cœur et de la flèche à la taille souhaitée et reproduisez ces différents éléments sur la toile thermocollante.

2 Découpez soigneusement avec des ciseaux. Pour la flèche, vous obtenez cinq éléments : la pointe, les deux morceaux de la tige et les deux ailettes.

3 Appliquez le motif en toile thermocollante avec un fer à repasser sur votre nappe. Veillez à bien placer les éléments les uns par rapport aux autres.

Vous pouvez ainsi recouvrir votre nappe avec plusieurs petits cœurs ou, au contraire, un seul gros.

Nappe champêtre

Fournitures

- Pièce de coton blanc
- Fil et aiguille
- Feuilles du jardin
- Peinture pour tissu
- Papier de soie
- Rouleau à encrer
- Rouleau lisse

1 Commencez par réaliser votre nappe : coupez un morceau de tissu blanc – un drap fera parfaitement l'affaire – aux dimensions et à la forme de votre table (ronde, carrée ou rectangulaire). Faites un petit ourlet de 1 cm tout autour.

2 Dans le jardin, ramassez quelques feuilles de formes variées. Choisissez des feuilles bien plates et avec de belles découpes.

3 Avec le rouleau à encrer, enduisez de peinture l'envers d'une feuille, là où les nervures sont bien apparentes. Appliquez la face de la feuille enduite de peinture sur le tissu. Recouvrez-la d'un papier de soie pour protéger la nappe et, avec un rouleau lisse et bien sec, appuyez régulièrement de manière à bien imprimer le motif. Décollez délicatement le papier de soie et la feuille. Recommencez l'opération en répartissant harmonieusement les feuilles sur toute la nappe. Variez les espèces de feuilles.

Chaises ailées

Et puis après, voici un ange,
Un ange en blanc, un ange en bleu,
Avec sa bouche et ses deux yeux,
Et puis après voici un ange.

Max Elskamp (1862-1931), *L'Ange.*

Fournitures

- Organdi de coton
- Mètre ruban
- Ciseaux
- Crayon à papier
- Feuille de papier
- Épingles

Patron à agrandir de 250 %.

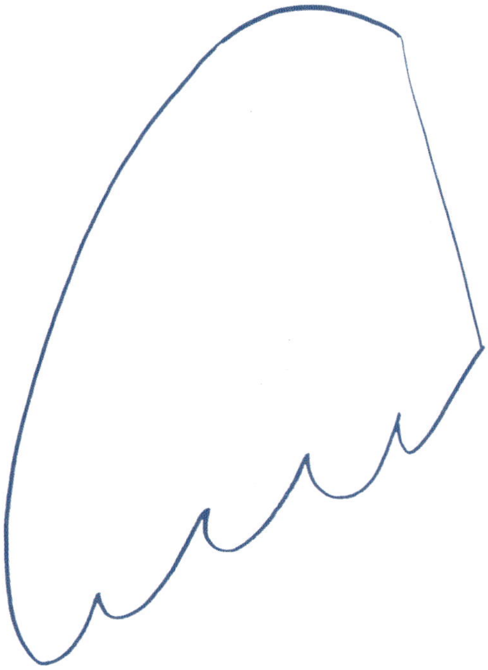

1 Cette housse se réalise tout simplement en assemblant trois morceaux de tissu : le premier correspond au devant et à l'arrière et les deux autres aux deux côtés. Prenez les mesures de votre chaise. Calculez les distances AB (hauteur du pied), BC (assise), CD (hauteur du dossier), DE (épaisseur du dossier), EF (hauteur du haut du dossier jusqu'au sol). Additionnez ces différentes mesures (Y).

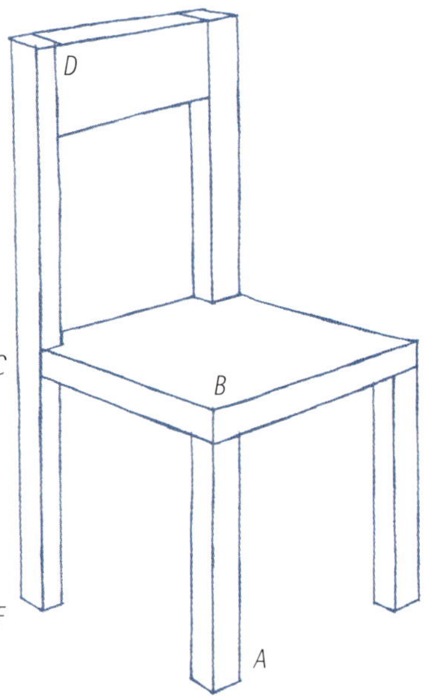

2 Avec des ciseaux, découpez dans l'organdi un rectangle ayant pour longueur Y + 2 cm et pour largeur GH (la largeur de la chaise) + 2 cm.
Les 2 cm donneront plus d'aisance à la housse.
Découpez deux morceaux de largeur BC + 1 cm (assise) et de longueur AB + 1 cm (hauteur des pieds).

3 Agrandissez l'aile à la taille souhaitée et découpez-la avec des ciseaux. Pliez un morceau d'organdi en deux et fixez dessus le patron de l'aile avec des épingles. Passez un fil de bâti tout autour en suivant bien le tracé. Enlevez le patron. Cousez sur le tracé en laissant une ouverture sur le côté rectiligne. Coupez l'excédent de tissu à 0,5 cm de la couture. Mettez à l'endroit et repassez.
Préparez une seconde aile de la même façon.

4 Placez le grand rectangle d'organdi sur la chaise. Assemblez le devant et l'arrière avec des épingles, le long du dossier. Retirez soigneusement le tissu de la chaise et cousez à 0,5 cm des bords.

5 Replacez la housse sur la chaise. Placez les deux morceaux restants latéralement, de chaque côté de l'assise. Fixez-les avec des épingles et cousez.
Ourlez tous les côtés de la housse.

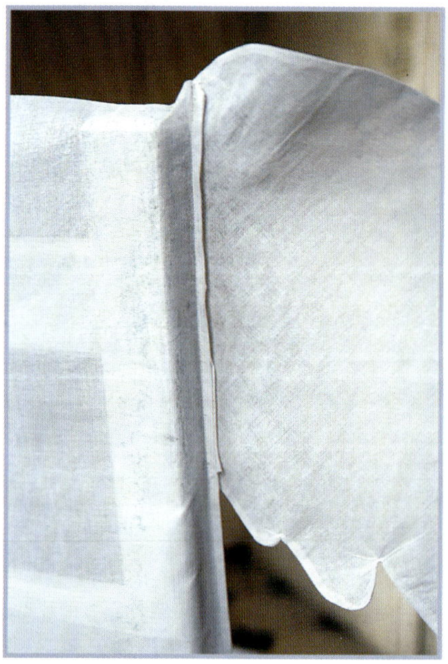

6 Installez la housse sur la chaise, épinglez les ailes en haut du dossier et cousez-les.

Table de gala

Quand je te tiens, là sur mon cœur
Pour moi c'est un tel bonheur.
Aucun homme ne peut l'exprimer.
Tout mon être est transformé,
Et je voudrais que ce moment
Qui me trouble éperdument
Se prolonge éternellement.

René Pujol, Émile Audiffred et Géo Koger, *Marinella (interprété par Tino Rossi).*

FOURNITURES

- Carte à abat-jour adhésive
- Papier-calque de couleur et transparent
- Compas
- Crayon
- Ciseaux
- Cutter

1 Dans la carte à abat-jour, tracez un cercle de 55 cm de rayon. À l'intérieur du cercle, délimitez une portion de 120°, c'est-à-dire un tiers de cercle. Coupez le triangle ABC et gardez la partie colorée sur le schéma. Un cercle permet de réaliser trois cônes identiques.

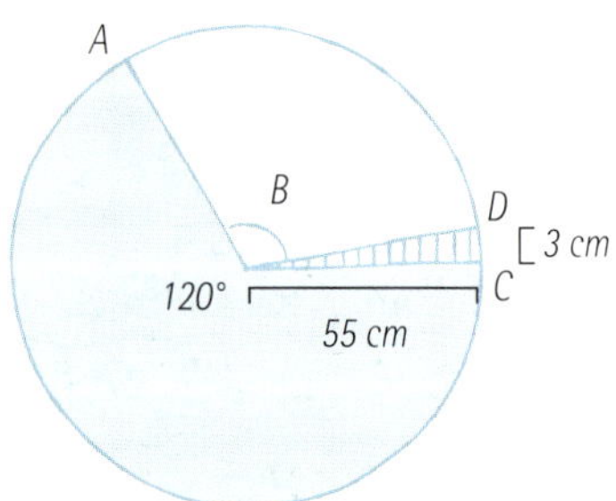

2 Retirez la protection adhésive le long de BC, sur une largeur de 3 cm (partie hachurée sur le schéma), en veillant à ne pas abîmer la carte à abat-jour. Formez le cône en plaçant A sur D.

3 Pour les fleurs, découpez des carrés d'environ 8 cm de côté dans le papier-calque de couleur.
Pliez le carré en deux. Pliez le rectangle obtenu en deux. Pliez le carré obtenu le long de la diagonale. Vous obtenez ainsi un triangle rectangle équilatéral.
Dessinez le contour de la fleur. Découpez. Dépliez. Vous obtenez une fleur.
Il est essentiel de respecter scrupuleusement le pliage indiqué et l'emplacement du tracé de la fleur, sinon vous obtiendrez deux moitiés de fleur.

4 Réalisez autant de fleurs que nécessaire pour recouvrir tout le cône. Faites des fleurs de couleurs variées ou, au contraire, choisissez une couleur unique. Vous pouvez préférer d'autres motifs : pourquoi ne pas reprendre, par exemple, les papillons des gants (p. 46) en les agrandissant légèrement et en marquant la pliure du milieu ?

5 Enlevez l'adhésif sur l'ensemble du cône et répartissez harmonieusement vos fleurs de papier-calque sur toute la surface.

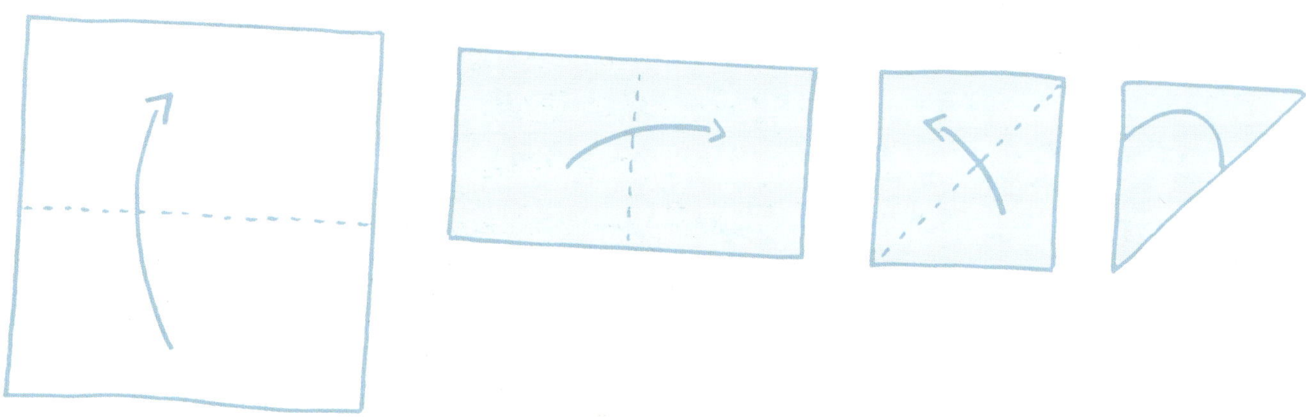

Petits cœurs cannelés

Fournitures

- Carton blanc à microcannelures
- Ciseaux ou cutter
- Règle
- Agrafeuse
- Fil

1 Découpez dans le carton blanc à microcannelures des bandes de 1 à 2 cm de large. Selon la longueur choisie, le cœur sera plus ou moins grand. Ici, le cœur est réalisé à partir de bandes de 30 cm de long environ.

2 Pliez la bande en deux en son centre. Veillez à ce que les cannelures soient bien tournées vers l'extérieur du cœur. Agrafez la pointe du cœur.

3 Enroulez les deux parties libres vers l'intérieur et agrafez-les ensemble en insérant un fil pour pouvoir suspendre le cœur. Décorez ainsi des chaises, une porte, une fenêtre…
Et pourquoi ne pas en suspendre aussi dans les arbres du jardin ?

Sous-verre aux numéros

Fournitures

- Sous-verre
- Ciseaux
- Gommettes numéros

Pliez le sous-verre et faites de petites incisions au centre avec les ciseaux (pour loger le pied du verre). Faites une incision du centre jusqu'au bord (pour pouvoir mettre le verre en place). Disposez des gommettes avec des numéros sur le sous-verre.

Rond de serviette fil de fer

Prenez un morceau de fil de fer d'environ 20 cm de long. Réalisez une boucle de 5 ou 6 cm de diamètre au centre du fil de fer. Repliez les deux extrémités vers l'intérieur afin de former un cœur. Si nécessaire, coupez le fil de fer. Rabattez le cœur à 90°. Vous n'avez plus qu'à enfiler une serviette roulée.

Décor de verre

Fournitures

- Feuille de Venilia
- Ciseaux

Dans une feuille de Venilia dépoli, découpez des cœurs à main levée. Retirez l'adhésif et collez-les sur les verres et les bouteilles.

Rond de serviette végétal

Utilisez des feuilles de cyclamen pour leur jolie découpe en forme de cœur et gardez des tiges suffisamment longues pour pouvoir les enrouler autour des serviettes : roulez d'abord les serviettes, puis enroulez la tige sur elle-même et formez une boucle. Placez la feuille sur le dessus.

Personnages en pâte d'amandes

FOURNITURES

- Pâte d'amandes blanche
- Sucre glace
- Carton léger

Dessinez les personnages sur un carton léger et découpez-les. Étalez la pâte au rouleau sur un papier cuisson. Découpez à l'aide du gabarit avec un couteau pointu. Retirez les chutes. Passez au pinceau un léger glaçage (2 cuillères à soupe de sucre glace diluées dans 1 cuillère à soupe d'eau). Laissez sécher dans un four ouvert à 50°. Attendez le refroidissement complet pour décoller le papier.

Cœurs de glace

FOURNITURES

- Moule en forme de cœur
- Fleurs
- Bac à glaçons en forme de cœur

1 Faites de petits glaçons en forme de cœur. Vous pouvez les colorer en ajoutant à l'eau un peu de sirop, menthe ou grenadine par exemple. Placez-les dans une coupe en verre.

2 Remplissez d'eau un grand moule en forme de cœur. Dispersez dedans quelques fleurs dont vous aurez retiré les tiges. Mettez au congélateur. Plus votre moule est grand plus la glace sera longue à prendre.
Au dernier moment, démoulez le cœur et placez-le sur une coupe, au centre de votre table.

Des fleurs pour la table

Oui je t'aime
Et je te donne ce poème
Oui je t'aime
Dans la joie ou la douleur

Charles Trenet (1913-2001), *Douce France.*

Fournitures

- Cerceau
- Bande plâtrée de 6 x 0,8 m
- Ciseaux
- Bassine d'eau
- Plusieurs bottes de gypsophile
- Bobine de raphia plastique blanc ou vert
- Ruban ou ficelle

1 Avec les ciseaux, coupez des morceaux de bande plâtrée d'environ 1 m de long. Trempez une bande dans une bassine d'eau tiède pendant quelques secondes et enroulez-la autour du cerceau en la faisant se chevaucher sur elle-même.

2 Lissez bien avec la main, afin de bien disperser le plâtre et de boucher tous les interstices des fibres. Recommencez l'opération jusqu'à ce que le cerceau soit entièrement recouvert. Laissez sécher.

3 Préparez le gypsophile. Coupez les tiges de manière à former des bouquets d'environ 25 cm de long. Ne les attachez pas.

4 Attachez le raphia puis placez un premier bouquet sur le cerceau. Fixez-le en enroulant le raphia. Ne coupez pas l'excédent de raphia. Superposez en partie un deuxième bouquet sur le premier et fixez-le en enroulant un à deux tours de raphia sur le cerceau. Continuez ainsi jusqu'à ce que tout le cerceau soit recouvert.

5 Accrochez trois ficelles ou rubans au cerceau afin de pouvoir le suspendre au plafond.

Cœur de dahlias

FOURNITURES

- Dahlias

Retirez soigneusement la tige des dahlias. Disposez les fleurs directement sur la nappe de façon à former un cœur.
Vous pouvez choisir d'autres fleurs, mais la forme du dahlia, bien ronde, est particulièrement adaptée à ce genre de composition.

Pommes d'argent

FOURNITURES

- Pommes
- Colle liquide acrylique
- Pinceau
- Feuille d'argent

La pomme se prête particulièrement à cette décoration car elle est suffisamment ferme. De plus, on en trouve en toute saison et de toutes les couleurs.

1 Avec un pinceau, passez une fine couche de colle liquide acrylique sur une pomme. N'enduisez pas toute la pomme mais seulement l'endroit où vous poserez la feuille d'argent.

2 Posez délicatement la feuille d'argent sur la pomme. Puis, avec un pinceau sec et propre, repassez dessus pour bien l'aplanir. Vous pouvez aussi recouvrir vos pommes avec des feuilles de cuivre. Attention, les feuilles d'argent et de cuivre, très fines et très fragiles, sont d'un maniement délicat.

Décor de mousse

FOURNITURES

- Feuille de cellophane
- Lichen
- Ciseaux
- Dragées en forme de cœur

1 Placez sur votre nappe une feuille de cellophane, à l'endroit où vous souhaitez installer votre composition. Disposez joliment le lichen par-dessus. Si le lichen est un peu sec, vaporisez-le avec un peu d'eau.

2 Découpez la feuille de cellophane tout autour du lichen. Suivez bien les contours pour éviter qu'on ne la voit. Parsemez le lichen de dragées en forme de cœur.

Ribambelle de vases

Réunissez toutes sortes de petits récipients en verre : des vases, des flacons, des verres et variez au maximum les tailles et les formes. Disposez-les tout le long de votre table et placez dedans des fleurs dont vous aurez coupé les tiges à différentes longueurs.

Un gâteau pour rire

La nuit d'amour est toute prête ;
Nous avons du vin pour la fête
Et la folie est dans ma tête.

Charles Cros (1842-1888), *Réconciliation.*

Fournitures

- Carton épais
- Carton blanc à microcannelures
- Crayon à papier
- Règle
- Compas
- Cutter
- Colle à bois à prise rapide
- Blanc d'œuf
- Sucre glace
- Spatule
- Poche à douille avec embout cannelé

1 Avec un cutter, découpez dans le carton épais deux ronds de 40 cm de diamètre, deux de 30 cm de diamètre et deux de 15 cm de diamètre.
Dans le carton à microcannelures, préparez une bande de 9 x 1,26 cm, une bande 6 x 94,5 cm et une bande de 6 x 47 cm.

2 Prenez la plus petite des bandes et collez ensemble ses deux extrémités de manière à obtenir un cercle. Encollez avec de la colle à bois à prise rapide la tranche d'un petit rond de carton et collez-le sur le haut du cercle. Collez ensuite l'autre rond de petit diamètre sur la partie inférieure de la bande.

3 Procédez de la même façon pour les deux autres étages du gâteau et laissez sécher. Empilez les trois parties du gâteau en veillant à bien les centrer. Collez-les.

4 Battez un mélange de sucre glace et de blanc d'œuf (1 blanc d'œuf pour 200 g de sucre glace). Le mélange doit être suffisamment épais. N'en préparez pas trop car le mélange durcit vite.
Il est préférable d'en refaire au fur et à mesure.
À l'aide d'une spatule, répartissez le mélange sur les parties horizontales du gâteau de manière à obtenir une surface blanche et lisse. Laissez sécher.

5 Décorez le gâteau en vous aidant de la poche à douille. Utilisez un embout cannelé pour faire des petits points. Réalisez également des sortes de petits choux sur les parties verticales. Laissez libre cours à votre fantaisie.

6 Décorez le haut du gâteau avec un cœur réalisé dans du carton à microcannelures (voir p. 108). Collez-le sur le gâteau. Vous pouvez aussi inscrire les initiales des mariés, si vous êtes habile.

Le gâteau des mariés

Je vous aime
Disait-il
Comme le pigeon aime la colombe
Comme l'insecte nocturne
Aime la lumière.

Guillaume Apollinaire (1880-1918), « La maison des morts », *Alcools*.

Fournitures

- 3 moules carrés de 10, 18 et 26 cm de côté
- Papier cuisson
- Farine : 450 g
- Cassonade blonde : 450 g
- Œufs : 9
- Beurre : 450 g
- Levure chimique : 1,5 cuillère à soupe
- Amandes entières blanchies : 300 g
- Raisins blonds : 450 g
- Écorces d'orange en dés : 225 g
- Abricots secs moelleux : 300 g
- Jus d'orange : 25 cl
- Grand-Marnier ou rhum : 6 cuillères à soupe
- Décor :
  Poche à douille
  Sucre glace : 1 kg
  Blancs d'œufs : 4
  Pâte d'amandes blanche : 1 kg

Voici la recette d'un gâteau traditionnel de mariage aux États-Unis. Ce gâteau se fait plusieurs jours à l'avance (jusqu'à une semaine). Conservez-le dans du film plastique au frais et glacez-le la veille.

■ **1** Hachez grossièrement au robot les abricots. Dans un saladier, mélangez-les avec les écorces d'orange, le jus d'orange chaud et l'alcool. Laissez reposer. Préchauffez le four à 180°.

■ **2** Battez la cassonade avec le beurre jusqu'à obtenir un mélange crémeux. Incorporez les œufs un à un, puis la farine tamisée avec la levure. Incorporez au mélange précédent à la spatule.

■ **3** Habillez les moules de papier cuisson. Versez le mélange dans chaque moule sur une hauteur de 6 cm. Cuisez 15 mn à 180° puis 30 mn à 150° (ou 45 ou 60 mn selon la taille du gâteau). Testez avec la pointe d'un couteau : elle doit ressortir propre. Démoulez les gâteaux sur une grille et laissez-les refroidir.

■ **4** Découpez un morceau de carton rigide à la taille de chaque étage et déposez les gâteaux dessus. Saupoudrer le rouleau à pâtisserie de sucre glace et étalez la pâte d'amande sur un plastique (si elle est trop dure, il suffit de la passer quelques secondes au micro-ondes). La pâte doit être assez grande pour draper le dessus et les côtés du gâteau. Retournez la pâte sur le gâteau en vous aidant du film. Retirez le film, découpez l'excédent de pâte et soudez les raccords en pinçant avec les doigts ; lissez avec les doigts mouillés et laissez sécher le gâteau jusqu'au moment du glaçage. Procédez de la même façon pour les deux autres gâteaux.

■ **5** Préparez le glaçage : mettez un saladier au bain-marie avec 250 g de sucre glace pour 1 blanc d'œuf. Mixez jusqu'à ce que le glaçage soit tiède, bien lisse et garde sa forme lorsqu'on soulève le fouet. S'il est trop mou, rajouter un peu de sucre glace ; s'il est trop dur, une goutte d'eau. Recouvrez immédiatement les gâteaux à l'aide d'une spatule. Laissez sécher 20 mn dans un four ouvert chauffé à 50° avec la ventilation.

■ **6** Après séchage, empilez les gâteaux (avec leur support cartonné). Préparez une nouvelle quantité de glaçage. Garnissez les interstices à la base des gâteaux avec la poche à douille munie d'une douille lisse et ronde en formant des petites boules.

Variante

Vous pouvez aussi décorer le gâteau d'agrumes confits ou de cœurs en chocolat.

Ombres chinoises

Quand l'ombre et la lumière
Dessinent sur ton corps
Des montagn's, des forêts
Et des îles au trésor
Que je t'aime

Gilles Thibaut, *Que je t'aime (interprété par Johnny Hallyday).*

Fournitures

- Papier blanc
- Papier noir mat
- Papier crème
- Carton rigide de 3 mm d'épaisseur
- Crayon
- Ciseaux très fins
- Colle blanche
- Feutre gonflant blanc

■ **1** Dessinez sur une feuille de papier blanc les profils des mariés. Vous pouvez partir d'une photo de profil ou bien décalquer les ombres projetées par la lumière sur une surface blanche. Dans ce cas, il vous faudra ensuite réduire les images à la photocopieuse. Ne craignez pas d'exagérer un peu certains traits caractéristiques de vos modèles (menton, nez, coiffure...). Reportez les profils sur du papier noir mat. Découpez-les délicatement avec des ciseaux très fins.

■ **2** Dans du carton de 3 mm d'épaisseur, découpez un rectangle de 17 x 11 cm. Recouvrez de papier blanc une des faces du rectangle. Placez les silhouettes face à face sur le papier blanc, en les centrant soigneusement et collez-les.

■ **3** Dans la feuille de papier crème, découpez un rectangle de 21 x 15 cm. Repliez 2 cm sur chaque côté et coupez les angles.
Évidez un ovale dans le papier crème afin de laisser apparaître les silhouettes. Mettez en place et collez le papier crème à l'arrière du carton.

■ **4** Décorez la bordure de l'ouverture en réalisant des petits points avec un feutre gonflant.

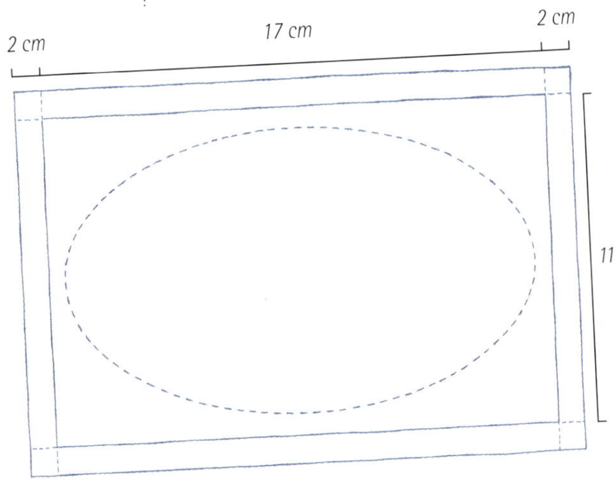

Variante

Vous pouvez aussi, plus simplement, découper en forme de cœur une photo des mariés (prise avec un polaroïd le jour même) et la planter sur le gâteau.

Adresses

BOTANIQUE ÉDITIONS
BP 37
Les Beurreries
78 810 Feucherolles
Tél. : 01 30 54 56 77

BOUCHARA
Des magasins dans toute la France.
Renseignements : 01 42 80 66 95

Christian TORTU
6, carrefour de l'Odéon
75006 Paris
Tél. : 01 43 26 02 56

DMC
Des magasins dans toute la France.
Renseignements : 01 49 28 10 00
Internet : www.dmc.com

LA DROGUERIE
9 magasins en France.
Renseignements : 01 45 08 93 27

LA MAISON DU CERF-VOLANT
7, rue de Prague
75012 Paris
Tél. : 01 44 68 07 86

MARIE PAPIER
26, rue Vavin
75006 Paris
Tél. : 01 43 26 46 44

LA MERCERIE D'UN SOIR
37, rue de Grenelle
75007 Paris
Tél. : 01 45 48 26 13

PHILIPPE MODEL
33, place du Marché-Saint-Honoré
75001 Paris
Tél. : 01 42 96 89 02

ROUGIER ET PLÉ
9 magasins en France.
Renseignements : 08 25 16 05 60
Vente par correspondance : 08 25 16 05 60
Minitel : 3615 Rougier et plé
Internet : www.rougieretple.fr

TRUFFAUT
Des magasins dans toute la France.
Renseignements : 01 69 91 54 54
Internet : www.truffaut.com